WANNEER ALLES ZENDING IS

**DENNY SPITTERS
& MATTHEW ELLISON**

Wanneer alles zending is door Denny Spitters & Matthew Ellison
copyright © 2018 Pioneers Verenigde Staten
ISBN: 978-0-9899545-8-7

Vertaling: Silvia van Dijk, Erik van't Ende en Haije Bergstra

Alle rechten voorbehouden. Niets uit deze uitgave mag worden verveelvoudigd, opgeslagen in een geautomatiseerd bestand of openbaar gemaakt, in enige vorm of enige wijze, hetzij elektronisch, mechanisch, door fotokopieën, opnamen of op enige andere manier, zonder voorafgaande schriftelijke toestemming van de auteurs, behalve dat delen kunnen worden gebruikt in een uitgezonden of gedrukte recensie als de inhoud volledig worden toegeschreven aan auteurs en uitgever.

De Bijbeltekst in deze uitgave is ontleend aan de Bijbel in de Herziene Statenvertaling, © Stichting HSV 2010-2016

BottomLine Media, impressum van Pioneers, publiceert materiaal dat de "bottom line" van Gods verbond met Abraham viert: "Ik zal alle volken zegenen door jou." Voor andere BottomLine titels zie Pioneers.org/Store

Pioneers is een internationale beweging die teams mobiliseert om kerkplantbewegingen te initiëren onder onbereikte bevolkings-groepen. Ga naar Pioneers.org als u hierbij betrokken wilt raken.

LOF VOOR *WANNEER ALLES ZENDING IS*

"Denny Spitters en Matthew Ellison hebben de gemeenten in het nieuwe millennium een grote dienst bewezen. *Wanneer alles zending is* is hèt boek voor gemeenten die worstelen hoe ze zich hun rol moeten voorstellen en kunnen vervullen binnen Gods mondiale plan voor de wereld. In dit boek vinden ze de evenwichtige balans tussen het theoretische en het conceptuele, gebaseerd op een rotsvaste opvatting van de Bijbel, in combinatie met praktische en beproefde stappen die elke gemeente kan zetten om betrokken te raken bij missionair werk en haar rol te vervullen in de Gote Opdracht. Ik beveel het van harte aan."

– *Gary Corwin, missioloog bij SIM International en adjuncthoofdredacteur van Evangelical Missions Quarterly*

"Al veel te lang zijn veel gemeenten afgedwaald of op een zijspoor terecht gekomen als gevolg van de overheersende misvatting van wat hun missie voor de wereld zou moeten zijn. Gelukkig hebben Spitters en Ellison door dit boek de hand aan de ploeg geslagen door veel correcties aan te brengen in misvattingen en onjuiste zendingspraktijken die gangbaar zijn geworden in de zendingsprogramma's van veel gemeenten. Tactisch maar ook eerlijk en openhartig pakken de auteurs deze problemen duidelijk en nuttig aan."

– *Marvin Newell, Senior Vice President van Missio Nexus*

"Een van mijn mentors herinnerde me er vaak aan: 'Als er nevel op de preekstoel is, is er mist in de kerkbank'. Deze woorden zijn nergens zo van toepassing als in relatie tussen zending en de gemeente. De gezondheid en de invloed van de gemeente zijn altijd gerelateerd aan de duidelijkheid van haar missie. Wie heeft God ons geroepen te zijn en wat heeft Hij ons opgedragen te doen? In een tijd van groeiende verwarring, vooral in het Westen, over de aard van zending en de rol van de zendingswerker, doen Denny Spitters en Matthew Ellison de mistlampen aan. Dit boek

WANNEER ALLES ZENDING IS

zal uw perspectief als gemeente- of zendingsleider aanscherpen met betrekking tot een van de beslissende kwesties van onze tijd."
— *Steve Richardson, President van Pioneers-USA*

„De eerste jaren van de 21ste eeuw zagen meer dan 300 zendingsbewegingen het licht, hoofdzakelijk op het zuidelijk halfrond. Veel van deze zendingsbewegingen representeren een betrokkenheid bij onbereikte of niet betrokken groepen uit stedelijke bevolkingslagen. Al deze bewegingen zijn gevormd door waarden en levensstijl van het Koninkrijk en ook door een duidelijke Koninkrijk-van-God-visie met betrekking tot het voltooien van de taak. Tegelijkertijd wordt een van de serieuze uitdagingen van de gemeente op het noordelijk halfrond van de afgelopen tientallen jaren soms zendingsdrift genoemd. In *Wanneer alles zending is* pakken Denny Spitters en Matthew Ellison een aantal cruciale zaken met betrekking tot deze zendingsdrift op. Voor deze taak brengen ze zowel Bijbelse helderheid als een gepassioneerde oproep voor gemeenten gericht op het Koninkrijk die de offers brengen die nodig zijn om discipelen te maken en gemeenten te stichten overal waar mensen leven en sterven zonder een mogelijke optie om voor Jezus te kiezen."
— *Jerry Trousdal, Directeur van International Ministries, Cityteam International, auteur van Miraculous Movements: How Hundreds of Thousands of Muslims are Falling in Love with Jesus*

„Als we intens liefhebben vereist het dat we diep nadenken. De liefde van Denny en Matthew voor de volken dwingt hen diep na te denken over wat dat betekent. Dit boek leidt u binnen in een gesprek over zending. Gods liefde voor de volken eist ons leven, onze ziel, ons alles. Grijp dit boek aan om u met hart en ziel in te zetten en meer betrokken te raken bij de volken."
— *Voorganger Phil Auxier, Crestview Bible Church in Hutchinson, Kansas*

„De waarheid kan u prikkelen. In een tijdperk waar u in de gemeente kunt gaan en staan en nooit hoort van de Grote Opdracht, doet dit boek een beetje, maar wel noodzakelijk, pijn. Vermaningen en oplossingen voor eerste-wereldproblemen zijn goed, maar ze zijn niet het volledige verhaal. Hopelijk zal dit boek doordringen zowel op de preekstoel als in de kerkbanken en als een katalysator zal zorgen voor een wereldschokkende verandering. Lees het en huil over ons egoïsme en ga er daarna mee aan de slag."

— *Voorganger Chip Lusko, Calvary Chapel*

„Zoals Matthew en Denny duidelijk laten zien, is het westerse deel van Gods aardse lichaam geïnfecteerd met culturele waarden die duidelijke definities bagatelliseren en richtlijnen verwateren die God in het leven heeft geroepen om Zijn heerlijkheid onder de volken te laten zien. Hoewel het door de Geest geleide onderzoek, de diagnose en de sterke medicatie die ze aanraden voor veel individuen en gemeenten pijnlijk zullen zijn om te horen en te incasseren, is *Wanneer alles zending is* precies wat de Grote Heelmeester weet dat Zijn volk nodig heeft om Zijn missie te volbrengen."

— *Voorganger Jeff Jackson,*
Shepherd's Staff Mission Facilitators

INHOUD

VOORWOORD 11
INLEIDING 15

1 DOEN ONZE DEFINITIES ERTOE? 27
2 WAT IS ONZE MISSIE? 35
3 WAAROM ZIJN WE BETROKKEN BIJ ZENDING? 53
4 IS ELKE CHRISTEN EEN ZENDINGSWERKER? 71
5 HOE STUREN WE ZENDINGSWERKERS UIT? 91
6 WAT MAAKT HET UIT? 103
7 WAT NU? 121

bijlage a: DOORDENKEN 139
bijlage b: AANBEVOLEN BRONNEN 143

DANKWOORD 149
OVER DE AUTEURS 153
AANTEKENINGEN 155
EINDNOTEN 157

Als alles zending is, dan is niets zending. Als alles wat de gemeente doet geclassificeerd moet worden als 'zending', zullen we een ander begrip moeten vinden...
— Stephen Neill

Het lijkt misschien meer Bijbels om te zeggen, 'Als alles zending is... is alles zending.' ... alles wat een christen en een christelijke kerk zeggen en doen, zou missionair moeten zijn door de bewuste participatie aan de missie van God in Gods wereld.
— Christopher Wright

VOORWOORD

Als leraar heb ik mijn studenten de afgelopen 21 jaar elk semester de vraag gesteld, "Wat is het Koninkrijk van God?" Meer dan 90 procent van de studenten verwijst naar een plaats (de hemel). Hoewel het Koninkrijk van God onomstreden het centrale thema is in het onderwijs van Jezus (zie Handelingen 1:3) en ook van Paulus (zie Handelingen 28:30-31), hebben de meeste christelijke studenten geen idee wat die woorden betekenen. Dat weerhoudt hen er echter niet van het begrip regelmatig te gebruiken, alsof ze *precies* weten wat het betekent.

Ik heb ook duizenden studenten gevraagd om een Bijbelse definitie van een *discipel* of van *discipelschap*. Meestal antwoorden ze met een eigentijdse definitie van de dag, waarbij ze nooit verwijzen naar Christus' beschrijvingen van een discipel. Mijn eigen denominatie is een dergelijke weg gegaan in de jaren '80 van de vorige eeuw met een serie werkboeken en een uur op zondagavonden dat 'discipelschapstraining' werd genoemd en wat iedereen die aanwezig was, deed geloven dat hij tot een discipel werd gevormd, ook al vertoonde het programma weinig overeenkomsten met dat wat de Bijbel over discipelschap zegt.

In mijn 40 jarige bediening sta ik er vaak versteld van hoe gemakkelijk de christelijke gemeenschap Bijbelse termen gebruikt die zelden volledig zijn omschreven of die alleen oppervlakkig zijn gedefinieerd door de christelijke culturele trends van de dag. Bovendien neigen velen van ons ertoe ideeën en definities die we horen vanaf een podium op zondagochtend te accepteren en na te praten zonder er erg kritisch over na te denken.

Niettemin doet het ertoe hoe we woorden definiëren. In de christelijke gemeenschap geeft het definiëren van woorden richting aan

WANNEER ALLES ZENDING IS

ons geloof en de praktijk ervan. Woorden vormen ons begrip van het ultieme doel van God aan wie onze geloofsgemeenschappen toegewijd zijn. Goede definities wakkeren onze inspanningen aan en roepen ons op tot eenheid. Ik heb een passie voor lesgeven en ik vind het geweldig als ik zie dat mijn studenten discipelschap naadloos integreren in elk gebied van hun leven. Het zou hen echter geen dienst bewijzen als ik hen zou aanmoedigen om definities te negeren of te schrappen.

Ik doceer een college over de mondiale context van het christelijk geloof. Aan het einde van het semester vraag ik mijn studenten of ze geloven dat elke Christen een zendingswerker is en 99 procent zegt ja. Vervolgens vraag ik hen of ze denken dat ik geloof dat iedereen een zendingswerker is. Dezelfde 99 procent zegt ja. Ze zijn geschokt als ik zeg dat ik niet geloof dat iedereen een zendingswerker is. Ik geloof dat elke volgeling van Christus elke dag strategisch en doelbewust moet leven om zowel plaatselijk als internationaal betrokken te zijn bij Gods wereldwijde doel. Maakt hen dat tot zendingswerkers? Ik zou zeggen dat dat niet hetzelfde is.

Mogen onze zendingsdefinities gedreven zijn, niet door onze persoonlijke interesse en vooroordelen, maar door de passie en het doel van de God van alle volken.

Denny Spitters en Matthew Ellison pakken precies deze vragen op. Wat betekenen de begrippen zending en zendingswerker? Wat bedoelen we als we ze gebruiken? Is alles wat we doen zending? Is elke christen in wezen een zendingswerker? Als u worstelt met de vragen die Denny en Matthew opwerpen, is het mijn gebed dat u dat zult doen met een open en kritische geest en een genadevol, begripvol hart. We hopen dat dit boek u aanspoort! Elke generatie heeft een stem nodig die hedendaagse trends op de proef wil stellen, die geworteld lijken in een zwakke of oppervlakkige benadering van de Bijbel en de geschiedenis. We moeten alert zijn op onze menselijke neiging om klaarblijkelijk nieuwe concepten over

VOORWOORD

te nemen en te ondersteunen met bewijsteksten en ze te versterken met zwakke argumenten om vervolgens iemand in de gemeente te vinden die het idee steunt door deze concepten te integreren in onze bestaande cultuur en programma's en vervolgens te denken dat we vooruitgang boeken. Op die manier hebben veel te veel gemeenten en gelovigen het alleen najagen van hun persoonlijke passie gerechtvaardigd, los van de mondiale context van de missie van God en Zijn voorgeschreven methoden om Zijn doel te volbrengen. Dit is precies wat er gebeurde in veel van de gemeenten die de "missionaire" taal onderschreven toen deze in de mode kwam zonder deel te nemen aan de nauwgezette exercitie om door de bestudering van de Bijbel richting te ontvangen voor hun betrokkenheid bij de missie van God.

De opdracht om tot een definitie te komen is niet een taak die volbracht moet worden in een isolement of alleen door de huidige generatie christenen. Velen zijn ons voorgegaan en we mogen ons verblijden dat we een grote wolk van getuigen hebben. Elke poging om onze missie te definiëren vereist een zorgvuldige studie van de Bijbelse talen en een accuraat begrip van de Bijbelse context, geschiedenis en de koers van het apostolisch geloof.

Dit boek pakt een kernpunt aan dat gerelateerd is aan het DNA van de gemeente. Het roept ons op om het centrale plot van het verhaal van God, Zijn gemeente en haar rol bij Gods missie te herontdekken en te aanvaarden. Mogen onze zendingsdefinities gedreven zijn niet door onze persoonlijke interesses en vooroordelen, maar door de passie en het doel van de God van alle volken. Het is mijn gebed en diepe hoop dat dit boek de katalysator zal zijn voor kritisch nadenken en gesprek, degelijke exegese en een getrouwe toepassing in de gemeente.

— *Jeff Lewis*
Directeur van Mobilization California Baptist University

INLEIDING

De vergadering van 19.00 uur in de First Christian Church leek snel te gaan; het leek alsof er maar 30 minuten om waren. John keek naar de cijfers op de klok: 20:37. Zijn maag draaide zich om. Waarom was dit zo moeilijk voor hem?

Als leidinggevende en voorganger verantwoordelijk voor zending kende hij de feiten. De gemeente had een begrotingstekort van $150.000. In het zendingsfonds was $200.000 beschikbaar. Ze zouden de financiële balans in evenwicht moeten brengen en de ondersteuning van vijf zendingswerkers moeten stoppen die, ondanks alle tijd en geld die ze gekost hadden, nog maar weinig resultaat of rendement op de investering hadden laten zien.

Door zijn opleiding en achtergrond was John een expert geworden in het lezen van winst en verlies rapportages. Hij begreep het. De bondige stelling van voorzitter Jim Taylor en het goedkeurende knikje van voorganger Steve gaven duidelijkheid. Deze bezuinigingen moesten worden doorgevoerd.

Maar toch brachten een reeks van tegenstrijdige emoties, Bijbelteksten, boeken die hij had gelezen en persoonlijke overtuigingen waar hij niet helemaal zeker van was, hem aan het wankelen. Hij was onzeker over wat hij zelf geloofde over zending na vijf jaar in deze rol. Vergaderingen als deze kostten John al zijn energie. Niet alleen omdat ze betekenden dat er moeilijke beslissingen genomen moesten worden, maar ook omdat ze hem sterk de indruk gaven dat niemand, inclusief hijzelf, echt begreep waar zending in de FCC werkelijk om draaide.

WANNEER ALLES ZENDING IS

Hij voelde zich vooral ongemakkelijk over de geestdrift van hen die stelden, 'Elke bediening in onze kerk is een missionaire bediening en onze kerk is op missie. We zijn een missionaire gemeente.'

Aan de buitenkant klonk het geweldig en hij had deze concepten de afgelopen zeven jaar omarmd sinds voorganger Steve hun nieuwe voorganger was geworden. Maar toch, eerlijk gezegd, als John nadacht over het vuur achter het 'iedereen is een zendingswerker' concept en de metamorfose van FCC in een missionaire gemeente, leek de mantra te veelbelovend en te weinig op te leveren. Hij kon deze gedachte niet van zich afschudden. Het zorgde ervoor dat zijn maag zich nogmaals omdraaide.

„John, ik zie geen enkel verschil tussen het delen van het evangelie hier en elders."

Toen John licht protesteerde tegen het gebruiken van het zendingsfonds om het tekort te dekken, was een van de bestuursleden uitgebarsten: „John, ik zie geen enkel verschil tussen het delen van het evangelie hier of elders. Het delen van het evangelie is zending. Zending is evangelisatie. Noemt Handelingen 1:8 Jeruzalem niet in één adem met het einde van de aarde? Wat is het verschil? We hebben mensen dicht bij huis, hier, rondom ons die onbereikt zijn. Dit is ons zendingsveld en alles wat onze gemeente doet IS zending!" Elk protest daartegen leek nietszeggend. Dit is ons zendingsveld en alles is zending, basta.

Als zendingsvoorganger gaf John hoofdzakelijk leiding aan de zendingsbediening door het bedenken van meer programma's en activiteiten. Hij was voorbijgegaan aan de tijd, energie en inspanning van enig proces dat nodig was om een overtuigende Bijbelse definitie van zending voor FCC vast te stellen en deze vergadering was daarvan een afspiegeling. Misschien had hij het paard achter de wagen gespannen.

INLEIDING

De volgende morgen werd John wakker en dacht na over FCC, haar geschiedenis en haar zendingsgeschiedenis, maar ook over zijn eigen verleden in de gemeente. Misschien zou dat wat licht kunnen werpen op wat er was gebeurd tijdens de vergadering.

John was geliefd in FCC. Zijn ouders, die daar getrouwd waren in 1969, woonden nog steeds de diensten bij. Hij was opgegroeid in FCC en had een groot deel van zijn leven geïnvesteerd in zijn gemeente. Hij was er met Jo getrouwd in 1995.

Sinds haar begin in 1956 stond de First Christian Church bekend als een gemeente gericht op zending. Tien plaatselijke families werkten samen met een voorganger die zowel buiten als binnen de gemeente een baan had om de gemeente te stichten tijdens de naoorlogse babyboom. Ze begonnen onmiddellijk met het ondersteunen van een zendingsgezin in Peru. Rond 1970 was FCC een gemeente met 400 leden die het delen van het evangelie en het overzees uitzenden van zendingswerkers omarmd had. 'Zending' betekende het redden van buitenlanders overzee.

Vanwege haar eerdere locatie in een snelgroeiende voorstad, werd FCC een bekende megakerk met 2000 leden in 1985. John was toen pas 12, maar herinnert zich de jaarlijkse zendingsconferenties uit die tijd nog goed. Het waren conferenties met sprekers die hun woorden onderstreepten met uitspraken van onbekende bezoekers uit landen waar hij nog nooit van had gehoord. Met het toenemen van de giften, groeide het zendingsbudget en konden meer dan 20 gezinnen, echtparen of individuele zendingswerkers ondersteund worden. Men geloofde dat meer geld meer zendingswerkers betekende en meer zendingswerkers betekende meer zending.

Maar rond 2006, met meer dan 4000 mensen die de diensten bezochten en een zendingsbudget van $1 miljoen om 70 werkers te ondersteunen, ondervond FCC serieuze problemen die haar toekomst ingrijpend zouden veranderen.

WANNEER ALLES ZENDING IS

Discipelschap bij FCC betekent lid worden; evangelisatie en outreach betekenen opofferend geven in geloof aan de zending. Weinigen konden zich herinneren dat er een nieuw iemand in de afgelopen tien jaar tot Christus was gekomen door de invloed van gemeenteleden. Groei door overstappers uit andere gemeenten en een geweldig prekende voor-ganger hadden hen staande gehouden.

De laatste vijf jaar was er desondanks sprake van stagnatie en de economische recessie van 2007 had het tekort veroorzaakt waardoor er nu zulke bezuinigingen noodzakelijk waren. Om het nog ingewikkelder te maken, had men afscheid moeten nemen van een jeugdleider vanwege oneigenlijk gebruik van fondsen van de gemeente. Dat had geleid tot een groeiende groep gezinnen die vertrokken naar andere gemeenten met betere programma's voor hun kinderen. De opkomst bevond zich in een langzaam neerwaartse spiraal.

In 2007 ging ook hun voorganger na 25 jaar met pensioen en de gemeenteleiders gingen op zoek naar een nieuwe voorganger die het tij zou kunnen keren. Die vonden ze in de 32 jaar oude Steve Cates, een inspirerende spreker. Hij schetste een levendige visie voor een 'zendings'gemeente waar discipelschap en zending betekenden 'met God betrokken bij zending in je eigen context'. In 2010 rekruteerde voorganger Steve John om toezicht te houden op de staf als uitvoerend voorganger. Na een jaar nam John ook de rol van Hoofd Zending op zich.

Toen hij toetrad stelde John vast dat FCC meer verdeeld was dan hij zich had gerealiseerd. Hij was zich bewust van een aantal conflicten en van onenigheid die waren ontstaan tussen de voorganger, de gemeenteleiders en de gemeenteleden, vooral op het gebied van 'zending'. Voorganger Steve had daar geen geheim van gemaakt. 'Giften uit geloof' voor zending lagen lager en 20 buitenlandse werkers kregen het bericht dat ze op het punt stonden

INLEIDING

minder of geen ondersteuning meer te ontvangen, tenzij ze meer noemenswaardige resultaten konden laten zien.

John schoof steeds meer zendingsfondsen naar 'inheemse zendelingen' die het zendingswerk goedkoper konden doen dan wanneer een Amerikaans gezin overzees werd gestuurd. De investering in beveiliging, salaris en de opleiding maakten dat het inhuren van inheemse nationale werkers een groter rendement opleverden.

Voorganger Steve raakte gefrustreerd door het gebrek aan respons van de gemeente op zijn zendingsparadigma. Zijn verlangen om van FCC een "discipel-makende gemeente" te maken van waaruit mensen het evangelie deelden op hun werk, school en in hun eigen buurt werd in de wachtkamer gezet, als het al niet helemaal opgeschort werd. Hij geloofde dat als de gemeente het leven, werken en denken als een zendingswerker zou omarmen de resultaten vanzelf zouden komen. Maar ze kwamen niet.

Voorganger Steve geloofde dat alle zendings- en evangelisatieactiviteiten in concentrische cirkels pasten. Thuis dienen, (je 'Jeruzalem' in Handelingen 1:8 termen), was bovenal de sleutel tot zending. Hij was er al lang geleden van overtuigd geraakt dat het grootste gedeelte van het spreken over zending een spel van woorden was. Het delen van het evangelie was het enige dat telde. En het maakte niet uit waar. Als hij sprak over het er opuit gaan, zei hij regelmatig: „Zending is de missie van de gemeente!" Moest evangelisatie niet het hoofddoel en de missie van de gemeente zijn? Dé reden voor haar bestaan als er zoveel "verlorenen" in hun stad rondliepen? Zijn zending en evangelisatie niet in essentie één?

• • •

Dit verhaal beschrijft de realiteit van sommige van onze gemeenten. Misschien is het voor gemeenteleiders onduidelijk of ze

WANNEER ALLES ZENDING IS

moeten vechten om de oude paradigma's en programma's te behouden of dat zij ze moeten afschaffen, omdat ze geen nut hebben in een nieuwe en veranderende wereld. Veel gemeenten voelen zich gedesoriënteerd als ze hun missie voor de wereld moeten definiëren. Anderen zijn zo vergroeid geraakt met alle problemen van het bestaan, het overleven en het relevant zijn, dat hun zendingsinspanningen alleen nog over hun eigen gemeente gaan. Gedeeld taalgebruik wijst niet automatisch op een gedeeld begrip, waar met duidelijke definities van discipelschap, evangelisatie, outreach, zending, zendingswerker, missionair en missie van God zelden gevonden worden, zelfs of misschien juist in gemeenten die verkondigen dat we allemaal zendingswerkers zijn en dat al onze bedieningen deel zijn van zending.

Een van de hindernissen is dat processen als het komen tot een consensus, het uitwerken van definities en het ontwikkelen van beleid op basis van een gedeeld begrip, een langzame en pijnlijke taak kunnen zijn. Als we meer waarde toekennen aan dingen gedaan krijgen, zou het dan zo kunnen zijn dat we liever onze tijd en energie spenderen aan het reageren op zendingsnoden en subsidieaanvragen dan aan tijd nemen om te investeren in een proces van Bijbels ontdekken? Dat zou kunnen leiden tot een coherent en dwingend begrip van onze visie die alle beslissingen en activiteiten leidt.

Veel gemeenten voelen zich gedesoriënteerd als ze hun visie voor de wereld moeten definiëren.

Wij stellen dat veel gemeenten niet goed bezig zijn met zending omdat ze niet goed nadenken over zending. Als gevolg daarvan missen een groot aantal Noord-Amerikaanse gemeenten veel mogelijkheden om deel uit te maken van het wereldwijde plan dat God heeft voor Zijn hele gemeente.

INLEIDING

Als woorden betekenis hebben dan doen de definities en het gebruik ervan ertoe. Als alles zending is, zouden een aantal centrale aspecten verloren kunnen gaan of bijna ondersneeuwen, zoals: het uitzenden van eigen mensen om discipelen te maken en crosscultureel gemeenten te stichten. Teveel nadruk op 'waar voor ons geld' zou ook kunnen leiden tot bedieningen die zorgen voor een goed gevoel of die een groter rendement lijken op te leveren. Sommige van onze gemeenten laten zending over aan de eigen denominatie en netwerken of werken samen met bedieningen die ons de mogelijkheid bieden om tegen een lage prijs zendingswerkers of projecten ver weg te ondersteunen. Maar brengt het uitbesteden van zending verborgen kosten met zich mee, misschien ten koste van onze eigen ziel?

We willen een aantal korte basisvragen voorstellen die gemeenten en hun leiders kunnen helpen een proces van ontdekken, ontwerpen en inzet in zending vorm te geven.

Op veel gebieden van de gemeentelijk bedieningen zijn we voorzichtig met het definiëren van dat wat we proberen te bereiken. Een mondiale ourreach lijkt echter vaak uitgesloten van dergelijke belangstelling. Maar moet dat zo zijn? In dit boek willen we u een serie basisvragen voorstellen die gemeenten en hun leiders kunnen helpen bij het vormgeven van een proces van ontdekken, ontwerpen en ondernemen ten behoeve van zending. Het is een proces dat cruciaal is voor een gezonde eensgezinde zendingsvisie die voortvloeit uit het gedegen nadenken over zending:

- Doen onze definities ertoe?
- Wat is onze missie?
- Waarom zijn we betrokken bij zending?
- Is elke christen een zendingswerker?
- Hoe moeten zendingswerkers uitgezonden worden?
- Nou en? Wat staat er op het spel?
- Wat nu? Wat zouden onze volgende stappen kunnen zijn?

Zelfs als we deze eenvoudige maar uitdagende vragen stellen, willen we gemeenten versterken die zendingswerk doen vanuit een gedegen doordenking van zending. We hebben vele gemeenten geobserveerd waarvan de ouderlingen, kerkenraden, voorgangers en zendingsleiders wakker werden geschud door de Bijbel en een helder denken over zending en de lokale gemeente hebben omarmd. Het is zeer de moeite waard om gemeenten te zien verschuiven van een passieve naar een proactieve betrokkenheid bij zending en die niet langer alleen gericht zijn op geld en programma's. Mag die inzet meer zichtbaar worden!

Als we ons hart op de bladzijden konden leggen, zou het laten zien dat we Gods bruid, de gemeente, liefhebben waarvan Hij het Hoofd is en de Bruidegom van ons allemaal. Hij heeft sinds Genesis een missie als missionaire God en laat Zijn grote wijsheid al zien van voor het begin van de tijd. We bewonderen en verheerlijken de wonderlijke manier waarop Hij ieder van ons heeft overtuigd, geroepen en gekozen om opgenomen te worden in Zijn familie. Hoewel wij zondaars zijn die de hel verdienen, heeft Hij onze ogen geopend voor het goede nieuws voor ons bewerkt in de persoon en het werk van Jezus Christus. Hem hebben we aanvaard als 'een kracht van God tot zaligheid voor ieder die gelooft' (Romeinen 1:16). Onze motivatie voor zending is Hem vol enthousiasme aanbeden te zien worden door elke stam, taal en volk vanwege Zijn onvergelijkelijke genadedaad.

We zullen een aantal vooronderstellingen aanvechten omtrent de toenemende aanname of overtuiging dat 'elke christen een zendingswerker is en elke bediening zending'. Dat doen we met een houding van gebed dat God ons een genadig en nederig hart zal geven en dat we als schrijvers van dit boek Zijn bruid en elke lezer zullen behandelen vanuit alle genade die God ons betoond heeft.

INLEIDING

Bent u als zendings- of gemeenteleider, beroepsmatig betrokken bij een bepaalde rol in een bediening of dient u getrouw Christus terwijl u Hem vertegenwoordigt op school, werk of in de wijk? Weet dan dat het niet onze bedoeling is dat onze woorden en concepten u aanvallen op welk gebied van de zending dan ook. Als we spreken over de gemeente dan is dat inclusief onzelf, in alle gebrokenheid en schoonheid.

We realiseren ons dat anderen die meer bekwaam zijn dan wij deze zaken soms heel anders zien. We ontvangen graag feedback en gaan in gesprek, vooral als dat onze gemeenten motiveert tot meer activiteit onder de onbereikten en ongeïnteresseerden. We spannen ons in om een dialoog tot stand te brengen over dit onderwerp die de hele gemeente zal stimuleren tot doelgerichte en doordachte acties waarbij men eerst denkt en dan doet.

We schrijven vanuit een Noord-Amerikaanse context, hoewel de worstelingen die we beschrijven zich ook in andere regio's voor kunnen doen. We bezien de zendingsbijdragen van de Noord-Amerikaanse gemeente met dankbaarheid en zijn ontroerd van vreugde over de resultaten van visie en opoffering in het verleden terwijl men de volken probeerde te bereiken met het evangelie.

Hoewel we graag zouden zien dat de zendingsinspanningen van de Noord-Amerikaanse gemeente nieuw leven worden ingeblazen, wijzen we elk idee van culturele superioriteit af en verheugen we ons als we zien dat de mondiale gemeente de handschoen opneemt om te zien 'hoe de hele gemeente het hele evangelie naar de hele wereld brengt.' De dagen van 'vanuit het Westen naar de rest' zijn voorbij.

Wij waarderen zeer wat we hebben gezien in de missionaire gemeente beweging in de afgelopen tien jaar. Voorgangers, leraren, en bedieningsleiders die geassocieerd worden met deze beweging hebben de gemeente en alle gelovigen aangezet om 'op zending met God' te gaan en discipelen te maken in onze eigen context. We vinden dit aanbevelens- en prijzenswaardig: het biedt een geweldige hoop voor toekomstige generaties in de gemeente. We omarmen de aanmoedigingen van deze leiders die ons hebben opgeroepen om het maken van discipelen tot het belangrijkste te maken van onze gehoorzaamheid aan de Grote Opdracht. Grondig onderzoek van Jezus' aardse bediening maakt het overduidelijk dat het proces van discipelen maken het belangrijkste was van Zijn uitzendingsbevel. Hij gaf daarvan blijk door de enorme hoeveelheid tijd die Hij investeerde in Zijn eigen discipelen.

Toch zijn we bezorgd dat een kritiekloos gebruik van woorden, in het bijzonder een gebrek aan een gedeelde definitie voor de woorden missie, zending, zendingswerker en missionair, heeft geleid tot een verdraaiing van Jezus' Bijbelse mandaat. Dit komt tot uiting in een 'alles-is-zending paradigma', en heeft zending verschoven van de opzet en supervisie van lokale gemeenten naar het domein van individuele gelovigen die antwoorden op individuele roepingen. Wat betekent dit voor de toekomstige Noord-Amerikaanse missionaire inzet?

Doordat ze zending gebrekkig of onjuist definieerden, hebben eerdere generaties christenen zending soms gemaakt tot iets wat draaide om geld, macht en het tellen van bekeerlingen. In onze eigen generatie heeft een stevige omarming van het 'alles-is-zending paradigma' soms geleid tot humanitaire zending die verstoken was van het evangelie. Zou het zo kunnen zijn dat, hoewel het 'iedereen is een zendingswerker' denken bedoeld was om ruimte te maken voor meer deelname aan het maken van discipelen, dit inclusivisme een ander en niet bedoeld effect heeft gehad? Heeft het geleid tot een ernstige afname van de belangstelling voor en de ondersteuning van apostolische, pionierende zendingsactiviteiten?

We hopen dat de reis van kritisch nadenken en Bijbels onderzoeken waartoe we oproepen, zich zal laten leiden door het Bijbels hoogtepunt van de kerk uit Openbaring 7:9-10 dat de aanbidding

INLEIDING

van God door een menigte uit elke stam en volk beschrijft. We bidden dat dit boek de gemeente kan aansporen tot het maken van discipelen onder de volken waar de naam van Christus onbekend is en niet verheerlijkt en aanbeden wordt. Als het weten komt voor doen en het doen vormt, dan moeten we gedegen nadenken over zending.

Yogi Berra (Amerikaanse honkballer die bekend stond om zijn bijzondere uitspraken) zegt het duidelijk: „Als u niet weet waar u heen gaat, is de kans groot dat u ergens anders uitkomt." Laten we onderzoeken wat we denken te weten zodat we duidelijk kunnen omschrijven waar we heen gaan en waarom.

•••

De volgende morgen had John nog meer bedenkingen over de budget vergadering van de vorige avond. Zijn tekst begon als volgt:

„Voorganger Steve, wat betreft de vergadering van afgelopen avond, als uitvoerende en hoofd verantwoordelijke voor de zending voel ik me zeer bezwaard...."

I DOEN ONZE DEFINITIES ERTOE?

door Matthew Ellison

Definiëren: Het proces waarbij iets bepaald, onderscheidend of duidelijk wordt gemaakt.

Juistheid van taal is een van de bolwerken van de waarheid. — Anna Jameson

Het loslaten van precisie en scherpte is de poort naar liberalisme. — John Piper

Beijver u om uzelf welbeproefd voor God te stellen, als een arbeider die zich niet hoeft te schamen en die het Woord van de waarheid recht snijdt. — 2 Timotheüs 2:15

WAAROM ZOUDEN WIJ ONS DRUK MOETEN MAKEN OM WOORDEN?

Woorden hebben betekenis. Elke dag opnieuw rekenen we op het feit dat de woorden die we spreken of schrijven iets bepaald, onderscheidend en duidelijk overbrengen.

Stel je voor dat het vrijdagavond is, de avond waarop ik mijn gezin mee uit eten neem. Ik vraag mijn vrouw en kinderen waar ze zouden willen eten en na wat gekkigheid besluiten ze dat het chinees wordt.

WANNEER ALLES ZENDING IS

Als we onze hete en zure soep hebben opgeslurpt, komen de voorgerechten. Mijn dochter valt aan op de Kung Pao kip, haar favoriet, maar haar gezicht, na de eerste hap, vertelt ons dat er iets niet in orde is. Onze dochter die erg allergisch is voor vis, heeft een levensbedreigende reactie. Ze kan bijna niet meer ademen en raakt uiteindelijk bewusteloos. Een anafylactische shock. Mijn vrouw keert haar tas ondersteboven en doorzoekt de inhoud op zoek naar de epipen die we altijd bij ons hebben. Voorzichtig steekt ze de pen in de dij van onze dochter en injecteert de inhoud. Hoewel de volgende minuut een eeuwigheid lijkt te duren, begint de reactie langzaam maar zeker af te nemen.

We confronteren de ober ermee en tot onze verbijstering antwoordt hij luchthartig dat hij vis en kip allebei beschouwt als dierlijke eiwitten en dat ze ongeveer hetzelfde zijn. Haastig verlaten we het restaurant. Opgelucht dat het wel weer goedkomt met onze dochter, maar ook geschokt en verward over wat er zojuist is gebeurd.

Ik weet dat dit fictieve verhaal een absurde illustratie is. Niemand denkt toch immers dat kip hetzelfde is als vis? Waarschijnlijk niet. Maar in onze postmoderne wereld van verbale gymnastiek is het maar al te gewoon geworden dat de betekenis van woorden onderworpen is aan ieders eigen interpretatie. Relativisme dat niet getolereerd zou worden in een rechtszaal, een bank, of op het kantoor van een verzekeraar, kan opeens wel in veel andere situaties.

Jammer genoeg tolereren teveel christenen, als het aankomt op de Bijbel, dezelfde innovatieve en creatieve interpretatie en toepassing die we vinden in de rest van de cultuur. Dus het mag geen verrassing zijn dat het begrip van ons mandaat met betrekking tot de Grote Opdracht zo sterk varieert. Wij geloven echter dat dit gebrek aan bezorgdheid om de juistheid van taal enorme en vaak vreselijke gevolgen heeft, in het bijzonder als het aankomt op hoe we de Bijbel lezen. Paulus spoort ons aan in 2 Timotheüs 2:15:

I DOEN ONZE DEFINITIES ERTOE?

„Doe uw best om uzelf voor God te presenteren als iemand die is goedgekeurd, een werker die geen reden heeft om zich te schamen en die op een correcte manier omgaat met het woord van de waarheid."

Hoeveel verwarring is er wel niet in de gemeente over de betekenis van de Grote Opdracht? Onze gezamenlijke ervaring in het werken met honderden gemeenten duidt erop dat de verwarring immens is en niet alleen onder gemeenteleden, maar ook onder gemeente- en zendingsleiders zelf. Als we een algemeen onderzoek zouden instellen onder gemeenteleiders, zendingsbetrokkenen en mensen actief in zending in uw gemeente en we zouden hen alleen een paar basisvragen stellen over de Grote Opdracht, zijn we ervan overtuigd dat u een groot aantal verschillende en vaak tegenstrijdige antwoorden zult krijgen. Soms zullen de verschillen alleen semantisch zijn, maar in andere gevallen zijn ze fundamenteel.

In ons werk als zendingscoach en -adviseur komen we geregeld ernstige verwarring en benauwende onenigheid tegen onder gemeente- en zendingsleiders met betrekking tot de bedoeling en het doel van de Grote Opdracht. Hieronder staan wat vragen die we hebben gesteld en blijven stellen:

- Wat is de Grote Opdracht die Christus aan Zijn gemeente gegeven heeft?
- Wat worden we precies geacht te doen?
- Waartoe heeft Hij ons geroepen om te verwezenlijken?
- Wat is het doel van de Grote Opdracht?
- Waar werken we naartoe?
- Wat eist de vervulling van de Grote Opdracht van ons?

De antwoorden laten vaak een nogal vaag begrip van de Grote Opdracht zien. Als gemeenten niet in staat zijn om duidelijk en beknopt te omschrijven wat hun doel aangaande de Grote

WANNEER ALLES ZENDING IS

Opdracht is, dan geloven wij dat het nagenoeg onmogelijk is om dat doel goed te dienen.

Een aanpak die we vaak gebruiken om de zaak te verhelderen, is simpelweg wat meer fundamentele vragen te stellen, zoals:

- Als een gemeente zending eenvoudig definieert als "hen die in nood verkeren dienen" of "verloren volken bereiken" – is dat dan in overeenstemming met Gods hartslag voor de Grote Opdracht? Representeert het ten volle Zijn hart voor de hele wereld?
- Heeft Jezus de interpretatie van de Grote Opdracht opengelaten voor afzonderlijke gemeenten?
- Toen Jezus de Grote Opdracht gaf, gaf Hij toen vaststaande, duidelijke en onderscheidende instructies? Zo ja, wat zijn die instructies? Zo ja, waar is al die verwarring dan voor nodig?

In een artikel over 'Het betrekken van heel Gods volk bij Gods missie' legt Ed Stetzer uit hoe belangrijk het is dat Gods volk Zijn missie definieert:

> "Het zal heel Gods volk helpen betrokken te zijn bij Gods hele missie als we het werk doen van zowel het definiëren van de missie als het kiezen van de geschikte culturele verwoording van de missie. Zoals Stephen Neil zei: 'Als alles zending is, dan is niets zending.' *De missie van God* kan niet het containerbegrip zijn dat alles omvat van het vouwen van mededelingenblaadjes tot het opruimen van troep op de snelweg, tot het coachen van een voetbalteam, tot het evangelie dat binnenkomt bij een voorheen onbereikt volk."[3]

We zouden er goed aan doen om grondig na te denken over wat Hij echt bedoelde toen Hij ons opdroeg alle volken tot discipelen te maken.

I DOEN ONZE DEFINITIES ERTOE?

Als we lezen over de Grote Opdracht in de Bijbel is dit misschien wel een van de meest belangrijke vragen die we onszelf zouden moeten stellen: Verwacht God van ons dat we onze goede ideeën bundelen en de dingen najagen die we belangrijk vinden of was het Jezus' bedoeling om een objectieve betekenis en doel over te brengen toen Hij ons Zijn laatste marsorders gaf?

In essentie stellen we ons de vraag of Jezus Zich wel of niet druk maakt om definities. Als Hij zich er niet druk om maakt dan staan de betekenis en het doel van de Grote Opdracht op het spel. Als Hij zich wel druk maakt over woorden en hun betekenis, zouden we er goed aan doen om grondig na te denken over wat Hij echt bedoelde toen Hij ons opdroeg alle volken tot discipelen te maken.

DE GESCHIEDENIS HERHALEN?

Een bekende uitdrukking waarschuwt ons dat degenen die de geschiedenis negeren, gedoemd zijn die te herhalen. President Harry Truman verwoordde het goed toen hij zei: „Het enige dat nieuw is in de wereld is de geschiedenis die je niet kent." De meesten van ons weten waarschijnlijk weinig over de gedenkwaardige Wereldzendingsconferentie die meer dan 100 jaar geleden plaatsvond in Edinburgh in Schotland en die ten doel had de vooruitgang van de wereldevangelisatie te vieren. Dit evenement had echter een aanzienlijke invloed op het zendingsdenken en de zendingsactiviteiten in onze tijd.

Bedenk eens hoeveel heeft plaatsgevonden in de wereldzendingsbeweging tussen 1800 en 1910. Onder andere gebeurtenissen als de Great Awakening in de Verenigde Staten van Amerika en Engeland en de Haystack Prayer Meeting van 1806. De opkomst van de Student Volunteer Movement for Foreign Missions die leidde tot het stichten van zendingsgenootschappen en -organisaties en die een pionier zendingsfocus promootten. Het was een tijdperk van een wereldwijde uitbreiding van het evangelie. De Conferentie in Edinburgh zou een viering worden van de vooruitgang van de Grote Opdracht.

WANNEER ALLES ZENDING IS

Om mogelijke conflicten of controverse te voorkomen bepaalden de organisatoren echter dat er geen bepalende theologische of dogmatische discussies gehouden zouden worden. Uitgesloten van elke definitie of debat waren de inspiratie van de Bijbel, de verzoening, de betekenis van de Grote Opdracht of zelfs elke discussie over of het bepalen van de oorsprong van christelijke zending. Het is niet verrassend dat gemeenten en zending gescheiden raakten van de Bijbelse tekst om van daaruit een standaard voor zichzelf vast te stellen. Missioloog David Hesselgrave noemt dit de 'Edinburgh Error' (de fout van Edinburgh) vanwege de voorwaarde die het stelde voor de 20e-eeuwse oecumenische zendingsbeweging:

> „... De Grote Opdracht werd geïnterpreteerd en zending werd gedefinieerd in overeenstemming met de heersende interesses: 'De zending is de gemeente', 'De gemeente is zending,' 'De zending is de *missio Dei*, de missie van God,' 'Zending is civilisatie', 'Zending is wat de gemeente doet in de wereld', 'Zending is alles waarvoor de gemeente is gezonden om te doen in de wereld', 'Zending is het preken van het goede nieuws voor de armen', 'Zending is het bouwen van Gods koninkrijk en vrede stichten', enzovoort."[4]

Hesselgrave wijst erop dat dit gebrek aan duidelijkheid, dogmatisch onderzoek en aan de definitie van zending volgens de standaard van de Bijbel kan leiden – en in sommige kringen grotendeels heeft geleid – tot het verdwijnen van zending:

> „Om de verwarring aangaande de oorsprong van zending nog groter te maken, droeg de Edinburgh Error nog bij aan de virtuele ondergang van de grote conciliaire denominaties van Noord-Amerika. Aan het begin van de 20e eeuw voorzagen deze denominaties in 80% van de Noord-Amerikaanse zendingsinzet. Aan het einde voorzagen ze in niet meer dan zes procent!"[5]

I DOEN ONZE DEFINITIES ERTOE?

Meer conservatieve zendings- en gemeenteleiders bewaarden hun koers en vormden evangelische zendingsorganisaties zoals IFMA en EFMA (die later samen gingen in MissioNexus). Meer recent hebben deze evangelische groeperingen aan de wieg gestaan van de meeste inspanningen voor de zending vanuit Noord-Amerika. Zijn wij toch geneigd dezelfde fout te maken door de Bijbel en de definities achter ons te laten en ons te richten op goede werken in plaats van op onze Grote Opdracht? Herhaalt de geschiedenis zichzelf?

Onder de kop 'Zendingswerk is maatschappelijk werk geworden', vraagt Scot Mcknight zich af: „Wat zal er van ons worden?" Hij merkt op:

„Zending, internationale zending en buitenlandse zending zijn nu opgeslokt in NGO's en mondiale gerechtigheid- en waterprojecten en infrastructuur. De evangelische leer kon voortbouwen op evangelische gemeentestichtende pioniers. Altijd, of op zijn minst bijna altijd, waren dergelijke zendingswerkers zowel ten volle betrokken bij het planten van kerken als bij compassie en hulpverlening voor zover ze daartoe in staat waren. Maar ze waren daar om het evangelie te prediken en te onderwijzen en om mensen te winnen voor Christus. Dat is evangelisch christendom. Een vriend van me, een zendingswerker, vertelde me dat hij in zijn deel van de zendingswereld de afgelopen 15 jaar geen nieuwe zendingswerker had gezien die zich bezorgd maakte om het planten van kerken en evangelisatie. Het waren allemaal NGO-types. Geven aan NGO's zit in de lift. Het geven aan het stichten van kerken is op zijn retour. Organiseer een trainingsdag voor evangelisatie en je zult alleen of bijna alleen zijn; organiseer een dag voor een of andere

Geven aan NGO's zit in de lift; geven aan het planten van kerken is op zijn retour.

WANNEER ALLES ZENDING IS

sociale actie en je zult meer mensen zien dan in een zondagochtenddienst."[6]

Wat zouden we, door de geschiedenis te onderzoeken, kunnen leren als we in onze tijd voor dezelfde vraag kwamen te staan? Wat zal er van ons worden? Zijn we afgedwaald van onze door God gegeven missie?

Dus, wie maakt zich druk om definities? Wij, en u als tot hier hebt gelezen, zijn we er vrij zeker van dat dat ook voor u geldt. En vooral, aangezien God ons roept om het woord van de waarheid recht te snijden, kunnen we vol vertrouwen concluderen dat Hij Zich ook druk maakt om definities.

2 WAT IS ONZE MISSIE?

door Denny Spitters

Als de ladder niet tegen de juiste muur staat, leidt elke stap die we zetten ons alleen maar sneller naar de verkeerde plaats. — Stephen R. Covey

Baan het spoor voor je voet, en laten al je wegen vaststaan. — Spreuken 4:26

MISSIE, ZENDING, MISSIONAIR, EN DE MISSIO DEI

Voor ons is het kijken naar de Bijbel om zending te definiëren geen peulenschil, maar aan de andere kant is het onderwijs van de Bijbel ook geen, om een uitspraak van Winston Churchill te gebruiken, 'raadsel verpakt binnen een raadsel'. De canon biedt meer duidelijkheid dan mysterie of dubbelzinnigheid.

De tekst van de Bijbel biedt een overvloed aan afdoende bewijs voor sommigen om te concluderen dat het brengen van het evangelie naar de volken niet alleen een significant en belangrijk thema is in de Bijbel, maar zelfs het alles overkoepelende thema en het doel van de Bijbel. De volgende uitspraak van missioloog Ralph Winter wordt vaak geciteerd: „De Bijbel is niet de basis van zending. Zending is de basis van de Bijbel."

Het is gemakkelijk om deze kernachtige uitspraak af te doen als weer een poging van een zendingspromotor die probeert gehoord te worden. Maar is dat waar? Kan of zou ons begrip van de hele Bijbel eigenlijk niet alleen gefilterd moeten worden door een christologische lens, maar ook door een missiologische? Is dit een benadering die we moeten overwegen om de rode draad van de Bijbel te begrijpen als het overkoepelende thema?

> **Het doel van de Bijbel was, in mijn ogen, een gebruikershandleiding voor het leven te zijn. Zending was niet essentieel of fundamenteel. Het was meer een soort aanvulling.**

Mijn eigen denken hierover is in de loop der jaren veranderd. Ooit geloofde ik dat de Bijbel de basis voor zending was. Ik was op zoek naar Bijbelse passages, verhalen en verzen die over zending gingen (of die mijn ideeën over zending ondersteunden) met als doel 'zendingsgericht' te worden. Het doel van de Bijbel was, in mijn ogen, een gebruikershandleiding voor het leven te zijn. Zending was niet essentieel of fundamenteel. Het was meer een soort aanvulling.

HET ZENDINGSHART VAN GOD

In het boekje *Gospel Meditations for Missions* stelt voorganger Chris Anderson dergelijk denken op de proef. Hij zegt:

> „Zending is geen bijlage die is vastgeniet aan het normale christendom. Het vormt de kern van het christendom, omdat het het hart vormt van God Zelf. God is de grote zendingswerker van de Bijbel."[7]

Hoeveel van ons zien God op die manier, als de grote crossculturele zendingswerker van de Bijbel? Toch werd Jezus gezonden uit de cultuur van Gods Koninkrijk en kwam Hij om onder ons te wonen. Anderson legt in een eenvoudig overzicht uit hoe God als de grote zendingswerker, van de zondeval in de hof van Eden, tot Abrahams belofte, tot de instelling van Israël als een volk, tot de komst van de Messias, tot Zijn tweede komst, aanbidders zoekt die Zijn heerlijkheid willen laten zien onder de volken. God is op missie. Bij God draait alles om zending. We komen hier later uitgebreid op terug.

2 WAT IS ONZE MISSIE?

De meest beknopte uitspraak over Gods missie, buiten de Bijbel om, vinden we misschien wel in het boek van John Piper *Let the Nations Be Glad,* 'Zending bestaat omdat aanbidding niet bestaat'.[8] Dat God gekend en aanbeden wil worden maakt dat zending de basis is van de Bijbel, als het verhaal van God die Zijn verlossingsplan uitwerkt door Zijn Zoon te sturen en die verkondigd moet worden onder de volken.

Woorden als die van Ralph Winter en John Piper vuurden me aan om mijn perceptie en perspectief ten opzichte van de Bijbel en het centrale thema van de Bijbel te veranderen. In plaats van de Bijbel te benaderen als een verzameling van verhalen die ik kon kiezen als zelfhulp, begon ik de Bijbel te zien als één boek met één hoofdpersoon, thema en doel.

ZENDINGSWOORDEN IN DE BIJBEL

Voorziet de Bijbel in een duidelijke definitie voor *missie, zending* en *zendingswerkers*? Deze woorden staan niet eens in de Bijbel, hoe kunnen we dan verwachten dat de Bijbel ons vertelt wat ze betekenen? Dit zijn essentiële vragen. En terwijl we ze beantwoorden zou het zinvol kunnen zijn om ons te bedenken dat veel van de woorden die we gebruiken voor de historische centrale leerstellingen en sleutelbegrippen van de gemeente niet expliciet gevonden worden in de Bijbel, inclusief onze begrippen voor Drieeenheid, evangelisatie, sacramenten, en gemeentestichting. Toch kan gedegen Bijbelse exegese ons begrip van deze concepten ondersteunen en ons laten zien dat ze meer zijn dan bedenksels van mensen.

Eckhard Schnabel wordt beschouwd als één van de toonaangevende experts in de wereld op het gebied van zending in het Nieuwe Testament en auteur van twee delen van 1000 pagina's over vroeg-christelijke zending en van het 500 pagina's tellende werk *Paul the Missionary (Paulus de zendeling).* Hij zegt heel beslist:

„De stelling dat het woord *zending* niet voorkomt in het Nieuwe Testament is incorrect. Het Latijnse werkwoord *mittere* komt overeen met het Griekse werkwoord *apostellein* dat ongeveer 136 keer voorkomt in het Nieuwe Testament (97 keer in de Evangeliën, het wordt zowel gebruikt voor Jezus die 'gezonden' was door God en voor de twaalf die 'gezonden' werden door Jezus)."[9]

Dus misschien staan onze begrippen met betrekking tot zending wel in de Bijbel en heeft de kernbetekenis ervan te maken met 'gezonden' zijn. Maar aangezien definities ertoe doen, hoe benaderen we dan de vele manieren waarop deze woorden gebruikt worden in de gemeente?

VIER CONCURRERENDE WOORDEN

De termen *missio Dei*, *missie*, *zending* en *missionair* worden op vele manieren gebruikt en vaak niet gedefinieerd of duidelijk onderscheiden. Maar deze termen verschillen net zo veel van elkaar als ze aan elkaar gerelateerd en zelfs met elkaar verbonden zijn. Laten we hier eens verder naar kijken met de observaties van Schnabel in ons achterhoofd:

- *Missio Dei* wordt vertaald met 'missie van God', en wordt gebruikt om betekenis te geven aan alles wat God doet in de wereld om Zijn doel te bereiken, de totale verheerlijking van de glorie van Zijn naam: „Ik zal geroemd worden onder de heidenvolken, Ik zal geroemd worden op de aarde" (Psalm 46:10).
- *Missie* heeft een seculiere betekenis. Het verwijst vaak naar ofwel een onderliggend doel (zoals in de Engelse term 'missionstatement') ofwel een specifieke campagne of doelstelling (als in een militaire of diplomatiek missie). Maar het wordt ook gebruikt om de reikwijdte te definiëren van alles wat God Zijn gemeente opgedragen heeft om te verwezenlijken binnen de *missio Dei*. Het omvat alles

2 WAT IS ONZE MISSIE?

waartoe God de gemeente geroepen heeft om te doen in de wereld.

- *Missionair:* de meest eigentijdse van de vier termen, is een bijvoeglijk naamwoord dat hoofdzakelijk wordt gebruikt om de bediening van de gemeente te onderscheiden die buiten haar vier 'muren' plaatsvindt (als tegenover zorgen voor zichzelf). Sommigen gebruiken tegenwoordig de term *missionair* waar ze vroeger *zending* of *missie* zouden hebben gebruikt. Deze term wordt ook gebruikt om een specifieke vooruitstrevende vorm van gemeente te beschrijven die doelbewust naar buiten treedt (een missionaire kerk of gemeente).

- *Zending* kan gebruikt worden als een synoniem, misschien een beetje onbeholpen of ouderwets, voor elk van de termen hierboven. Onze Britse broeders en zusters behoren tot degenen die een voorkeur hebben voor de elegantere term 'missie' zonder dat er noodzakelijkerwijs een verschuiving is in betekenis tussen die twee. Maar *zending* heeft ook een engere betekenis. Het wordt gebruikt om te verwijzen naar het werk van de gemeente om uit te reiken over culturele, religieuze, etnische en geografische barrières heen om het maken van discipelen van alle volken te bevorderen. Het is een proces dat is beschreven in onder andere Romeinen 10:14-15:

„Hoe zullen zij dan Hem aanroepen in Wie zij niet geloven? En hoe zullen zij in Hem geloven van Wie zij niet gehoord hebben? En hoe zullen zij horen zonder iemand die predikt? En hoe zullen zij prediken, als zij niet gezonden worden? Zoals geschreven staat: Hoe lieflijk zijn de voeten van hen die vrede verkondigen, van hen die het goede verkondigen!"

Missioloog Gary Corwin vergelijkt in het artikel *'MissionS: Why the 'S' Is Still Important'* (Waarom de 'S' nog steeds belangrijk is) deze vier termen en nog één extra: „Bovendien, wordt het vestigen van gemeenten onder de minst bereikte bevolkingsgroepen en gemeenschappen de laatste decennia gekenmerkt als datgene waar *pionier zending* om draait."

Hebben we deze termen alle vier nodig? Ondanks de overlappende betekenis, aldus Corwin, heeft elk een eigen belangrijke, specifieke nadruk, en als ze op de juiste manier worden gebruikt, dienen ze elk een zinvol doel. Het probleem ontstaat als de termen worden gebruikt op manieren waarvoor ze ontoereikend zijn en deze accenten verloren raken:

> „Door bijvoorbeeld te zeggen dat *missio Dei* en de missie van de gemeente synoniem zijn, of dat de missie van de gemeente alles is waarop iemand zich zou moeten richten of zich zorgen om moet maken, loopt u het risico om eenvoudigweg alles te definiëren als zending."[11]

Het definiëren van woorden in een postmodern tijdperk kan van ieder van ons tot een bliksemafleider maken voor debat, verdeeldheid en controverse. Toch is het van monumentaal belang hoe de gemeente haar missie opvat, omdat we gehoorzaam willen zijn aan het woord van God.

Het definiëren van begrippen in een postmodern tijdperk kan ieder van ons maken tot een bliksemafleider voor debat, verdeeldheid, en controverse.

VIJF KEER HET BEVEL VAN UITZENDING

Jezus geeft ons in het Nieuwe Testament een aantal geboden die wij moeten gehoorzamen, daaronder bevinden zich de vijf opdrachten die de basis vormen voor ons begrip van zending: Johannes 20:21, Mattheüs 28:18-20, Markus 16:15, Lukas 24:44-49 en Handelingen 1:8. In deze passages en eigenlijk van Genesis tot Openbaring zien we de centrale thema's van 'gezonden zijn' en 'zenden' als twee in elkaar geweven vezels die de draad van de zendingsactiviteiten vormen. Deze twee thema's vormen ook de kern van ons denken over zending. Ze brengen duidelijkheid in het

2 WAT IS ONZE MISSIE?

proces van het definiëren van Gods missie voor de gemeente. Deze twee thema's helpen ons bij het kiezen van wat Steven Covey 'de muur waartegen we onze ladder zetten' zou noemen.

In zijn boek *Commissioned: What Jesus Wants You to Know As You Go,* schrijft Marvin Newell over de dwingende eenheid van deze vijf uitspraken en beweert hij dat ze allemaal de essentiële ingrediënten voor geslaagde zending bevatten. Newell verklaart dat deze opdrachten werden gegeven bij vijf verschillende gelegenheden, op vijf verschillende plaatsen en elk met ecn eigen accent.[12]

Johannes 20:21 vindt plaats onmiddellijk na de opstanding, en de gebeurtenissen beschreven in Markus 16:15, Mattheüs 28:18-20 en Lukas 24:44-49 komen daarna. Ten slotte vindt Handelingen 1:8 plaats 40 dagen na de opstanding, direct voor de Hemelvaart. „Deze vijf zendingsopdrachten van Jezus vormen zonder meer het missionaire Magna Carta van de gemeente, vanaf haar aanvang, voor vandaag de dag en voor de toekomst", aldus Newell.[13] Vervolgens beschrijft hij de accenten als volgt:[14]

- Het model: „Zoals de Vader Mij gezonden heeft..." Johannes 20:21
- De grootheid: „Ga heen in heel de wereld... aan alle schepselen" Markus 16:15
- De methodiek: „...maakt al de volken tot mijn discipelen..." Mattheüs 28:18-20 (NBG)
- De boodschap: „...bekering en vergeving van zonden..." Lukas 24:44-49
- De middelen: „maar u zult de kracht... ontvangen... Jeruzalem als in heel Judea en Samaria..." Handelingen 1:8

Wie zendt en wie wordt gezonden binnen dit Bijbelse narratief? Om deze vraag goed te beantwoorden, is het noodzakelijk om te beginnen met het afstemmen van onze gedachten en instellingen op Gods blauwdruk voor Zijn koninkrijk en de opdracht voor Zijn gemeente, te beginnen met het einde in gedachten.

GOD DE ZENDINGSWERKER

Openbaring 7:9-10 schetst het plaatje van het einde van de missie. Johannes' Jesaja-achtige visioen brengt ons direct bij de laatste scène van de zegevierende realiteit: de koning op Zijn troon wordt verheerlijkt en aanbeden door mensen uit elke stam, taal en natie. Het goddelijke begin van deze missie richt zich op de Messias die voor het eerst werd genoemd in Genesis 3:15 en maakt God zowel de Zender als Degene die gezonden wordt. God heeft deze draad geweven door de Bijbelse geschiedenis in elk tijdvak heen. De zegen en uitzending van Abraham in Genesis 12:1-3 is een sleutelmoment in Gods missie, een moment waarop Hij niet alleen Zijn doel deelt met Abraham, maar hem zijn toekomst toevertrouwt door te zeggen dat: „In u zullen alle geslachten van de aardbodem gezegend worden."

Dit lijkt het centrale plot en thema van de Bijbel te zijn. Het is het verhaal van een missionaire God die zowel de 'gezondene' is als degene 'die zendt'. God heeft een missie. Hij is zelf de hoofdpersoon van het verhaal – betrokken als initiatiefnemer en deelnemer bij het grote ontwerp van het verzoenen van de grootste tragedie in de geschiedenis, de zondeval, en daardoor verheerlijkt Hij zichzelf. Hij bereidde voor ons de weg tot verzoening en bracht ons terug in een intieme relatie met Hem door de cirkel van zonde en oordeel te verbreken. God neemt het initiatief door de hoop op verlossing 'uit te zenden', Zijn Zoon Jezus Christus. Jezus bekrachtigt dit plan en doel in Johannes 17: „En dit is het eeuwige leven, dat zij U kennen, de enige waarachtige God, en Jezus Christus, Die U gezonden hebt." (Johannes 17:3).

Wat een ongelofelijke en verbazingwekkende God, die door Zijn doelbewust ontwerp Zijn volk zowel voorziet van het finale plaatje als van de middelen om het tot uitvoer te brengen door de persoon en het werk van Zijn Zoon. Hij is Degene die werd gezonden door God die zendt. Dit is het kader waarbinnen we geroepen zijn te werken toen Jezus zei: „Gaat dan henen, maakt al de volken tot

2 WAT IS ONZE MISSIE?

mijn discipelen."(NBG) Dit verhaal van verlossing vormt de kern van de *missio Dei*. Maar is er verschil tussen de missie van God en de missie van de gemeente?

WAT IS DE MISSIE VAN DE GEMEENTE?

Kan de missie van de gemeente eigenlijk wel gedefinieerd worden? Sommigen beweren dat het niet mogelijkheid is om binnen de gemeente tot eenduidigheid of overeenstemming te komen met betrekking tot zowel de betekenis als het concept van de missie van de gemeente en dat er geen enkele zendingstheologie is, maar dat er meerdere en verschillende geldige benaderingen zijn. Anderen stellen dat de taal van missie en zending zo gebrekkig en beladen is door de geschiedenis dat ze afgeschaft en volledig geherdefinieerd zou moeten worden. Binnen de missiologie is er een enorme nadruk komen te liggen op het gericht zijn op dat wat er verkeerd of negatief is aan zending en het missionaire taalgebruik. Dat is misschien niet verrassend aangezien deconstructivisme onze modus operandi is vandaag de dag. We zien deze benadering tot uitdrukking gebracht door de invloedrijke missioloog en theoloog David Bosch in zijn boek *Transforming Mission*:

„Uiteindelijk blijft zending ondefinieerbaar... Het beste waar we op kunnen hopen is dat we wat benaderingen kunnen formuleren van waar missie om draait."[15]

Als het vastgesteld kon worden, beweert Bosch, konden we wat zending toen was vandaag de dag op onszelf toepassen, dus moeten we 'de logica van de bediening van Jezus en de vroege gemeente doortrekken op een vindingrijke manier en context'.

Keith Ferdinando bestrijdt een dergelijke bewering rechtstreeks in zijn artikel *'Mission: A Problem with Definition'*, en verklaart daarmee dat dergelijk denken leidt tot een relativistische en subjectieve benadering. In tegenstelling tot:

„Iemand kan aanvoeren dat de Bijbel een fundamenteel samenhangend beeld van de missie van een God biedt, die vanaf Adams eerste ongehoorzaamheid een rebellerende mensheid achtervolgt om een volk te redden, een doel waarvan de realisatie is verbeeld in het visioen van Johannes: „Een grote menigte, die niemand tellen kon, uit alle naties, stammen, volken en talen, stond vóór de troon en vóór het Lam" (Openbaring 7:9). Die missie voert hij nu uit door zijn gemeente die discipelen maakt voor Jezus Christus".

Ferdinando verwerpt de Bijbelse uiteenzetting van Bosch:

„De hermeneutiek [van Bosch] samen met het accent op Bijbelse diversiteit loopt het risico om missie los te snijden van elke sturing door de Bijbeltekst en het over te leveren aan de creativiteit van uitleggers. ...De these van Bosch biedt dus een theoretische rechtvaardiging voor het verlies aan consensus met betrekking tot 'zending'. Het maakt inderdaad van dubbelzinnigheid een deugd, omdat zending een begrip wordt dat voortdurend op zoek is naar een betekenis."

ZIJN DE MISSIE VAN GOD EN DE MISSIE VAN DE GEMEENTE IDENTIEK?

We keren terug naar de vraag: „Zijn de missie van God en de missie van de gemeente hetzelfde?" Is de missie van de gemeente alles wat de missie van God is, of is er onderscheid en verschil? Hier zien we de invloed van Christopher Wright, wiens boeken *Mission of God: Unlocking the Bible's Grand Narrative* en *the Mission of God's People* op deze vraag ingaan.

Er is veel waar we het mee eens zijn in *The Mission of God*. Wright steunt het idee van het lezen van de Bijbel binnen de structuur van het grotere plaatje. Liever dan verschillende delen van de

2 WAT IS ONZE MISSIE?

geïnspireerde Bijbel in de spotlight te zetten om te ontdekken wat zending is, verklaart hij:

> „De God die de weg van de geschiedenis gaat door de bladzijden van de Bijbel plaatst een missiestatement op elke wegwijzer onderweg."[17]

Hij gaat de uitdaging van het postmodernisme aan:

> „In stel dat we een missionaire hermeneutiek van de Bijbel te bieden hebben: de Bijbel was er al voordat er zelfs maar gedroomd werd over het postmodernisme. De Bijbel kenmerkt zich door diversiteit en brengt verschillende menselijke culturen voor het voetlicht. De Bijbel bouwt in haar meest verheven theologische claims op uiterst specifieke en soms zeer lokale gebeurtenissen. De Bijbel ziet alles in relationele verbanden en niet in abstracte begrippen. De Bijbel die een groot deel van haar werk doet door middel van verhalen. Al deze eigenschappen van de Bijbel, cultureel, lokaal, relationeel, verhalend, zijn welkom bij de postmoderne geest."[18]

Hij is er duidelijk over dat we naar de Bijbel moeten kijken voor ons zendingsbegrip:

> „ ... niet alleen dat de Bijbel toevallig een aantal teksten bevat die voorzien in een reden voor zendingsinspanning, maar dat de hele Bijbel zelf een 'missionair' fenomeen is."[19]

Zelfs als Wright zich met de Bijbel agressief richt tegen postmodern denken, vervaagt hij echter het onderscheid dat de Bijbel maakt tussen de missie van God en de missie van de gemeente.

„Het is uiteraard niet een enkel verhaal, als een rivier met maar één vaargeul. Het is eerder een complexe mix van allerlei kleinere verhalen, waarvan er veel nogal op zichzelf staan, met allerlei soorten ander materiaal erin opgenomen, meer als een delta."[20]

Wright trekt dit concept door 'alles wat God doet in Zijn grote doel voor de hele schepping' te vergelijken met 'alles waartoe Hij ons roept te doen in overeenstemming met dat doel'. En hij bouwt het nog verder uit:

„En mijns inziens zijn er net zoveel soorten zending als er soorten wetenschap zijn, waarschijnlijk nog meer. En op dezelfde manier, in de zendingsvariëteit die Hij heeft toevertrouwd aan zijn gemeente als geheel, is het ongepast dat de ene soort zending de andere buiten spel zet vanwege een superioriteitscomplex, of zichzelf onderwaardeert als 'geen echte zending' vanuit een minderwaardigheidscomplex. Het beeld van het lichaam vindt ook hier een krachtige weerklank. Daarom houd ik ook niet van de oude afbraakregel

De gemeente heeft een heel bijzonder mandaat gekregen van Jezus en Hij gaf het door aan de discipelen bij Zijn hemelvaart; de gemeente is bij lange na niet toegerust om alles uit te voeren wat God doet op aarde of in het universum.

die het woord 'zending' probeerde af te schermen voor specifieke crossculturele uitzending van zendingswerkers voor evangelisatiedoeleinden: 'Als alles zending is, dan is niets zending'. Het lijkt meer Bijbels om te zeggen: „Als alles zending is... dan is alles zending." [21]

Hoewel Wright lijkt te concluderen dat alles zending is, levert hij weinig Bijbelse hermeneutiek aan om zijn zaak kracht bij te zetten. Zoals wij het zien is het niet 'ongepast' noch 'superieur' om de verschillen te verduidelijken tussen belangrijke bedieningen

2 WAT IS ONZE MISSIE?

van de gemeente (zoals die van barmhartigheid) en zendingsactiviteiten volgens het gedegen Bijbelse voorbeeld van Jezus' zendingsopdrachten.

De gemeente heeft een heel bijzonder mandaat van Jezus gekregen en het aan de discipelen doorgegeven bij Zijn hemelvaart. De gemeente is bij lange na niet toegerust om alles uit te voeren wat God doet op aarde of in het universum. Hoewel de missie van God, een immense goddelijke taak, is gegeven aan de gemeente, als wordt aangenomen door Wright, lijkt geen van de eerste discipelen of kerkvaders bezig te zijn geweest met dit idee of deze taak.

Wright lijkt bezorgd dat een zendingsbegrip op basis van de Grote Opdracht te eng is. Zijn visie is daarentegen verrassend ruim:

"Holistische zending is niet echt holistisch als het alleen mensen omvat (zelfs niet als het hen holistisch omvat!) en sluit de rest van de schepping uit 'voor wier verzoening Christus Zijn bloed heeft vergoten' (Colossenzen 1:20). Deze christenen laten zien dat ze Gods roeping hebben beantwoord om hem te dienen door zijn niet-menselijke schepselen te dienen in ecologische projecten, ze zijn betrokken bij een gespecialiseerde vorm van zending die zijn rechtmatige plaats heeft binnen het brede kader van alles dat Gods missie ten doel heeft."

Het is een gegeven dat zending geen eendimensionale proclamatie is die is gescheiden van demonstratie. Gaat het standpunt van Wright niet te ver als hij zegt dat de zorg voor de schepping een onderdeel van holistische zending is die haar recht ontleent aan 'haar rechtmatige plaats binnen het brede kader van alles dat Gods missie ten doel heeft'? De factoren voor de zorg voor de schepping zijn gegeven in Genesis 1:28: "vruchtbaar zijn en toenemen in aantal, haar vullen en onderwerpen, heersen over vissen, vogels en elk schepsel op aarde." We zouden willen beweren dat Gods verzoening met de schepping niet zal plaatsvinden door het behoud van de aarde en door de inspanningen van een holistische bediening. Gods verzoening met de aarde zal haar zuivering zijn door vuur en de schepping van een nieuwe aarde (Openbaring 21:1). Een 'zendingswerker voor de schepping' zou het vernieuwing-van-de-natuur-thema in de *missio Dei* kunnen weerspiegelen, maar dat kan alleen worden aanvaard door de missie van de gemeente op te rekken tot ver voorbij de focus waarin de Bijbelse parameters voorzien. Waar trekken we de grens? Klimaatveranderingsmissies, dierenbeschermingsmissies, geslachtsaanduidingsmissies? Het 'delta'-concept van Wright aangespoord door het altruïsme van het menselijke hart zou geen grenzen kennen. Dat lijkt te ver te gaan.

Voor velen binnen het evangelicalisme vandaag de dag, zijn Gods missie om alles te verzoenen met Zichzelf en de missie van de gemeente een en dezelfde. Natuurlijk moeten die twee met elkaar verbonden worden. Maar we stellen dat ze niet hetzelfde zijn. Gods reikwijdte is van eeuwigheid tot eeuwigheid. Als Zijn discipelen hebben we een specifiek sub-plot in het verlossingsverhaal en een duidelijke rol onder de autoriteit van Christus en de opdracht van Zijn gemeente.

Moderne zendingsgeschiedenis laat ons het volgende zien: telkens als het grote belang van het maken van discipelen en het stichten van gemeenten vervangen werd door inspanningen om de kwaadaardige systemen, ziekte en onderdrukking in de wereld uit te bannen, hebben de mondiale activiteiten van de gemeente om discipelen te maken, gefaald. En, aan de andere kant, kunnen we zien dat de regio's van de wereld waar de grootste democratische hervormingen en maatschappelijk welzijn hebben plaatsgevonden in de afgelopen 300 jaar die regio's zijn waar zendingswerkers zich *hoofdzakelijk* richtten op persoonlijke bekering door de prediking van het evangelie en *het minst* op sociale hervorming. We zijn geen tegenstanders van sociale hervorming en een holistische bediening, maar we geloven niet dat ze het doel zijn. Het maken van discipelen waaruit de lokale gemeente ontstaat, is de sleutel

2 WAT IS ONZE MISSIE?

voor zowel evangelisatie als voor sociale hervorming. Compassie als zending, zonder het evangelie als voornaamste bestaansinstrument en vorm, vervalt gemakkelijk in weinig meer dan humanistische prestaties.

DE CENTRALE ROL VAN DISCIPELSCHAP EN DE VOLKEN

De historische orthodoxe visie op zending, die het maken van discipelen centraal stelt en in de binnenste cirkel heeft staan, heeft de gemeente goede diensten bewezen. Dat blijkt uit de snelle wereldwijde uitbreiding van het christendom in het afgelopen millennium. Als we goed kijken naar het boek Handelingen dan zien we dat discipelen maken van alle volken en hen leren om alles te gehoorzamen wat Jezus geboden heeft vóór alles kwam. Dit was de weg die de gemeente moest gaan. Ferdinando benadrukt:

> „In Handelingen vindt aanwijsbare apostolische zending plaats die een uiting is van een expliciete gehoorzaamheid aan de Grote Opdracht. De focus ligt op het winnen van mensen voor het geloof en de levensweg die voortkomt uit dat geloof, en de methode daarvoor is het proclameren van het woord van Christus. Het is ook waar dat Handelingen gelovigen portretteert die betrokken zijn bij sociale activiteiten, zorgen voor weduwen bijvoorbeeld, maar dat is eerder een gevolg van de apostolische missie dan de essentie ervan: het is een van de vormen, zij het een vorm van cruciaal belang, die getrouw discipelschap oppakt onder hen die het evangelie hebben aangenomen. Het heeft echter niet dezelfde positie als het maken van discipelen zelf, en dat heeft betrekking op het overduidelijke feit dat christelijke sociale betrokkenheid afhankelijk is van het bestaan van christenen, en die zouden er niet zijn als er geen discipelen werden gemaakt."[23]

EEN KWESTIE VAN PRIORITEITEN STELLEN

Theoloog en missioloog Christopher Little beschrijft twee posities die evangelischen innemen ten opzichte van 'holisme' en 'priorite-

ring'. Degenen die zending holistisch bezien, zien evangelisatie, discipelen maken en het stichten van gemeenten niet belangrijker dan bedieningen op het gebied van sociale rechtvaardigheid en menselijkheid, terwijl degenen die de positie van prioritering aannemen, zeggen dat dat wel zo is. En, zegt Little: „Zij die evangelisatie bevorderen als prioriteit binnen de zending van de gemeente zijn nu duidelijk in de minderheid onder evangelischen."[24] Daarom moet er een keuze worden gemaakt."[25]
„Het debat is eigenlijk al lange tijd gaande. Dus waarom zouden we niet accepteren dat we het niet eens zijn en verder gaan? Eenvoudigweg omdat er te veel op het spel staat om door de vingers te zien, geen aandacht aan te schenken of niet te betwisten. In de eerste plaats is dat de eeuwige bestemming van de niet bereikten. Omdat zij degenen zijn die het meest te verliezen hebben, zou de bezorgdheid om hen voorop moeten staan."[26]
Little maakt zich ook zorgen omdat christenen in het Westen nu meer geven aan hulp en ontwikkeling en andere humanitaire doelen dan aan buitenlandse zending en ze zijn begrippen als *evangelie, koninkrijk* en *zending* op ongeëvenaarde wijze aan het herinterpreteren. Deze verschuivingen binnen de zending zijn grotendeels onbetwist, maar hij ziet ze als een duidelijk geval van 'missionair afglijden'.[2]

OP HET PAD BLIJVEN

Een scene uit The Desolation of Smaug, de tweede film uit de Hobbit-serie, schetst ons een levendig beeld. De film volgt Bilbo Baggins terwijl hij Thorin Oakenshield en de dwergen vergezelt op een zoektocht om de Eenzame Berg terug te winnen op Smaug, de aan goud verslaafde draak. Halverwege hun bestemming moet hun gids Gandalf hen achterlaten tijdens hun reis door het betoverde en mensonterende Demsterwold en hij spreekt hen streng toe:

> „Dit is niet het Greenwood van weleer, de lucht van het woud is doortrokken van illusies die zullen proberen je

2 WAT IS ONZE MISSIE?

denkwereld binnen te dringen en je te laten afdwalen... je moet op het pad blijven, ga er niet vanaf. Doe je dat wel, dan vind je het nooit meer terug. Wat er ook gebeurt, blijf op het pad!"

In het begin slagen ze erin om het pad getrouw te volgen, maar als ze dieper het woud in komen, vinden ze het moeilijker om te ademen. De illusies en betoveringen van Mirkwood benevelen en veranderen al snel hun beoordelingsvermogen en hun denken. Ze struikelen en moeten hun weg zien te vinden dieper en dieper in een sluier van wazigheid en mist als ze zich plotseling, in paniek, realiseren dat ze het pad kwijt zijn.

Wij zijn onbevangen en vurige activisten voor een enge, op de Grote Opdracht gerichte zendingsdefinitie die de gemeente op het pad houdt van discipelen maken van alle volken. Vasthouden aan een enge definitie van zending zal voor de gemeente een bruikbaar gereedschap zijn om haar missie te volbrengen en de algemene strekking van de Bijbel ondersteunt deze nadruk moeiteloos.

Missioloog en zendingsmobilisator Jeff Lewis geeft een profetische en praktische aanmaning en zegt:

> „De lokale gemeente is een gemeenschap van discipelen van de Koning, vrijgemaakt uit de slavernij van het eigen ik, geroepen om volledig betrokken te zijn bij de verlossende missie onder de volken (zowel lokaal als wereldwijd) en is belast met het voeden en trainen van Gods kinderen om de volken tot discipelen te maken. De gemeente moet haar missie herontdekken en de verantwoordelijkheid om kinderen, tieners en volwassenen volledig toe te rusten om de volken te discipelen, zowel lokaal als tot het einde van de aarde."[28]

Om de grenzen te overschrijden die zending vereist, moeten we er binnen de gemeente in het bijzonder op gericht zijn en er de nadruk op leggen dat het maken van discipelen resulteert in gemeenten. Zonder deze gebruikelijke en specifieke nadruk op 'het maken van discipelen van de volken', zullen de noden en outreach van de lokale gemeente altijd, vrij vanzelfsprekend, de meeste aandacht, inzet en belangstelling krijgen, terwijl de stemmen van hen die geen toegang hebben een vage herinnering worden tot de 'zendingszondag' van volgend jaar.

Een gedegen Bijbelse definitie is cruciaal voor de toekomst van de evangelische gemeente. Het definiëren van zending in onze relativistische pluralistische tijd vereist dat we toegewijd zijn om Gods weg van verlossende missie te gaan, dat haar hoogtepunt bereikt in de collectieve aanbidding van het Lam door alle naties, volken, stammen en talen. Dat is het fundamentele zendingspad waartoe wij, Zijn bruid, geroepen zijn. Ongeacht het proces dat we gebruiken om onze zendingsactiviteiten te definiëren en uit te voeren, is dit de weg die onze voeten moeten gaan.

3 WAAROM ZIJN WE BETROKKEN BIJ ZENDING?

door Matthew Ellison

„Daarna hoorde ik de stem van de Heere. Hij zei: „Wie zal Ik zenden? Wie zal er voor Ons gaan?" Toen zei ik: „Zie, hier ben ik, zend mij." Jesaja 6:8

„Aanbidding is de brandstof en het doel van zending. Zending begint en eindigt met aanbidding." – John Piper

FUNDAMENTELE MOTIEVEN VOOR EEN GLOBALE BEDIENING

Het is niet meer dan logisch om te vragen: Waarom zouden we al die inspanning moeten doen, al die moeite moeten nemen en al die kosten moeten maken om van huis te gaan en het evangelie te prediken in de hele wereld? Of we nu zelf gaan of anderen zenden, het overschrijden van culturen om te dienen onder de minst bereikte en vergeten volken ter wereld is, per slot van rekening, een enorm complex proces dat een ongelofelijke hoeveelheid werk en opoffering vereist. En dan zijn er ook nog de noden van verloren mensen voor onze deur...

In het licht van die realiteit, waarom zending? Een heroverweging van onze motivatie kan ons helpen Bijbelse prioriteiten te stellen en op koers te blijven. Dit hoofdstuk onderzoekt vijf van onze fundamentele motieven voor wereldwijde zending.

I. OMDAT GODS HART KLOPT VOOR DE VOLKEN

Bij hoeveel verschillende gelegenheden gaf Jezus de Grote Opdracht? Mijn vriend en zendingsmentor Robertson McQuilkin vertelde me altijd dat niemand die vraag ooit goed begrijpt. Zoals we zagen in hoofdstuk twee, heeft het Nieuwe Testament vijf 'Grote Opdracht' passages, vijf verslagen van wat Jezus leerde aan verschillende doelgroepen en bij verschillende gelegenheden: Mattheüs 28:18-20, Markus 16:15, Lukas 24:44-49, Johannes 20:21 en Handelingen 1:8. De passage in Lukas 24 suggereert dat deze opdrachten staan op een Bijbels fundament dat nog verder terug gaat. Het rechtvaardigt een nader onderzoek.

Lukas vertelt ons dat Jezus en Zijn discipelen in de bovenzaal waren toen Hij 'hun verstand opende zodat zij de Schriften begrepen' (Lukas 24:45). Dat is trouwens ons gebed voor dit boek: dat Christus het zal gebruiken om ieders verstand te openen om de Bijbel te begrijpen. Jezus liet hen de passages over Zijn dood en opstanding zien en Hij leerde hen dat bekering en kwijtschelding van zonden in Zijn naam gepredikt moest worden aan alle volken.

Welnu, naar welke passages in de Bijbel verwees Jezus om Zijn volgelingen te leren dat ze het evangelie moesten preken aan alle volken? Naar de Evangeliëen of naar de Brieven? Natuurlijk niet. Volgens vers 44 nam Hij hen mee naar de Wet, de Profeten en de Psalmen. Hij nam hen mee naar het Oude Testament. Dit is waar het om gaat: hoewel het Grote Opdracht-denken het Nieuwe Testament doordrenkt, komt Gods zendingshart dat klopt voor de volken niet plotseling op dat moment te voorschijn. Het is ook onmiskenbaar verkondigd door het Oude Testament heen. En dan, tussen de opstanding en de Hemelvaart, brengt Jezus alles bij elkaar en herhaalt minstens vijf keer wat we een Grote Opdracht zouden kunnen noemen.

In die eerste zes weken volgend op de opstanding, verschijnt Jezus steeds weer aan Zijn discipelen en Hij leert hen veel dingen. We

3 WAAROM ZIJN WE BETROKKEN BIJ ZENDING?

hebben geen enkel verslag van dat Hij een onderwerp herhaalde, behalve van twee:

1. De opstanding
2. De Grote Opdracht

De Grote Opdracht was de marsorder van onze Bevelvoerder. Je zou kunnen zeggen dat het Zijn vurigste ambitie was.

De Grote Opdracht staat centraal in de Bijbel, centraal in Gods hart en centraal in Gods denken en handelen. En de opdracht draait niet alleen om het maken van discipelen waar we ons ook bevinden. Het draait ook om het brengen van het evangelie in de hele wereld, de hele schepping (Mattheüs 16:15), aan alle volken (Mattheüs 28:18-20) en zelfs naar de einden van de aarde (Handelingen 1:8).

Ik heb gehoord dat als we Gods hartslag zouden kunnen horen we Zijn hart zouden horen kloppen voor de volken. Dus als we van Gods woord houden, van Gods faam en als we begaan zijn om Zijn naam te verhogen boven alle dingen, kunnen we niet, mogen we niet, onverschillig zijn jegens de volken: alle volken (*panta ta ethne*). En een nader onderzoek van de Bijbel doet vermoeden dat deze term niet refereert aan landen en hun grenzen zoals de ongeveer 194 landen in onze wereld vandaag de dag, maar aan families, stammen, of culturen. Onze wereld huisvest meer dan 16.000 groepen met verschillende talen en culturen, elk geliefd door God en gemaakt om Hem te verheerlijken.

Waarom zending? Omdat Gods hart klopt voor de volken.

2. OMDAT REDDING ALLEEN WORDT GEVONDEN IN JEZUS

Als mensen gered konden worden op een andere manier dan door Jezus, dan zou, volgens Paulus, Jezus niet alleen voor niets gestorven zijn (Galaten 2:21) maar zouden wij, die Hem preken, voor niets verkondigen. En zendingswerkers dan? Als er een andere manier is, zullen zij op zoek moeten naar een nieuw werkterrein.

Toch wordt, volgens Handelingen 4:12, redding alleen gevonden in Hem: „En de zaligheid is in geen ander, want er is onder de hemel geen andere naam onder de mensen gegeven waardoor wij zalig moeten worden." Merk op dat er twee zeer belangrijke zinnen staan in dit tekstgedeelte:

- Geen naam onder de hemel: niet alleen geen andere naam in Israël, maar geen andere naam onder de hemel (en de hele wereld ligt onder de hemel).
- Geen naam gegeven onder de mensen: niet alleen onder de joden, maar onder de mensen in het algemeen (dat refereert aan de hele mensheid).

Is dat niet was Jezus zei in Johannes 14:6? „Ik ben de Weg, de Waarheid en het Leven. Niemand komt tot de Vader dan door Mij."

IN DE TEMPEL VAN DE DODEN

Een aantal jaar geleden was ik in Thiruvalla in de Indiase staat Kerala en bezocht ik daar een plaats die lokaal bekend stond als de Tempel van de Doden. Ik zag een hindoepriester die de binnenplaats veegde en voelde me geroepen om een praatje met hem te maken. Na een poosje, waarin we elkaar een beetje leerden kennen, voelde ik dat ik het gesprek kon verschuiven naar geestelijke zaken. Hij was tenslotte een priester en we stonden op de binnenplaats van een hindoetempel. Dus ik vroeg hem: „Vriend, heeft het hindoeïsme jou tevredenheid gebracht? Heb je hoop die verder gaat dan dit leven?"

Hij pauzeerde een moment en met lege ogen die uiting gaven aan de leegheid in zijn ziel antwoordde hij: „Nee, het hindoeïsme heeft me geen tevredenheid gebracht en ik heb geen hoop die verder gaat dan dit leven..."

3 WAAROM ZIJN WE BETROKKEN BIJ ZENDING?

Let wel, dit was een priester, niet gewoon een beoefenaar van het hindoeïsme, maar schijnbaar een heilig man binnen het hindoeïsme, en hij beleed zijn leegheid en hopeloosheid zonder Christus.

Waarom zending? Omdat zij die Christus niet hebben nooit echte vrede zullen vinden in dit leven. En nog erger, als ze sterven zonder Hem gaan ze een eeuwigheid tegemoet, waarin ze de vreselijke kwelling in de hel bewust ervaren.

IS DE HEL EEN REALITEIT?

Over deze vraag is al meer dan twee millennia gedebatteerd onder christenen. Een aantal jaar geleden kwam er weer een boek uit dat de realiteit van de hel betwistte: *Love Wins* van Rob Bell. Er vloeide een nieuw spervuur aan commentaar over het onderwerp uit voort. Bell denkt dat hij het antwoord weet. Of zou ik moeten zeggen: hij denkt dat we dat niet zeker kunnen weten, omdat hij gelooft dat de Bijbelse discussie over redding omstreden is. Dit zet veel evangelischen aan om in de publieke arena te betogen dat Jezus Christus de enige hoop voor de mens is en dat de eeuwige straf voor het niet in Hem geloven een bewuste eeuwige kwelling is.

Ik dank God voor hen die dit standpunt innemen. Het is mijn standpunt en, nog belangrijker, het is de historische Bijbelse positie. Ik moet echter bekennen dat het debat ernstige consternatie in mijn hart teweeg bracht. Niet over of de hel wel of niet echt is, maar eerder over waarom zoveel evangelischen, die beweren te geloven in de hel en die leerstelling sterk verdedigen, zo weinig aandacht lijken te besteden aan de onbereikten die in duisternis zitten onder de schaduw van de dood.

In zijn boek *'Let the Nations be Glad'*, dat een mijlpaal genoemd kan worden, stelt John Piper drie vragen en geeft hij Bijbelse antwoorden:

1. Zal iedereen eeuwige kwelling ervaren onder Gods wraak?

2. Is het werk van Christus het noodzakelijk middel waar God in heeft voorzien voor eeuwige redding?
3. Is het noodzakelijk dat mensen horen over Christus om voor eeuwig gered te worden?

Piper schrijft: „Bijbelse antwoorden op deze drie vragen zijn essentieel omdat elk negatief antwoord de urgentie uit de missionaire zaak zou halen." Hij gaat verder met het uitpakken van de Bijbelse boodschap, het ene tekstgedeelte na het andere, vertrouwend op de intrinsieke autoriteit van de Bijbel om ons opnieuw te vertellen dat het antwoord op alle drie deze vragen een volmondig *ja* is.[29]

Natuurlijk heeft hij gelijk: een ontkennend antwoord op een van deze vragen zou de noodzaak uit de missionaire zaak halen. Maar als je erover nadenkt dat er vandaag de dag nog steeds meer dan 6700 onbereikte bevolkingsgroepen[30] zijn, waarvan bijna de helft nog niet bereikt is door christenen die proberen het evangelie met hen te delen, mogen we concluderen dat evangelischen nog weinig benul hebben van de noodzaak van Gods zendingsdoel.

Het wereldwijde aantal evangelischen komt boven de 335 miljoen uit. Dat is een ratio van meer dan 100.000 evangelischen per onbereikte groep.[31] Als we de geldstroom volgen, zien we dat 0,1 procent van het inkomen van christenen ($1 van elke $10.000) wordt gegeven aan allerlei vormen van wereldwijde buitenlandse zending.[32]

Als alle middelen die nodig zijn om een leger van op Christus gerichte ambassadeurs naar de volken te zenden en te ondersteunen al aanwezig is in de gemeente, waarom zien we dan zulke minimale betrokkenheid?

Ons gebrek aan betrokkenheid bij Christus' marsorders om discipelen te maken van alle volken roept inderdaad de vraag op: geloven we werkelijk in de realiteit en de eeuwigheid van de hel? Het

3 WAAROM ZIJN WE BETROKKEN BIJ ZENDING?

bewijs lijkt te zeggen van niet. Als het wel zo is dan is er iets verschrikkelijk mis, want onze leerstelling komt niet tot uiting in ons gedrag. Waarom zending? Omdat er alleen redding is in Jezus.

3.OMDAT ONZE GEMEENTEN HET ZICH NIET KUNNEN VEROORLOVEN ZICH NIET BEZIG TE HOUDEN MET ZENDING

De Australische aartsbisschop David Penmann zei eens:

„Ik geloof niet dat welke lokale gemeente dan ook, ongeacht de omstandigheden, het zich kan veroorloven zichzelf de bemoediging en voeding te onthouden die afkomstig is van het uitzenden van zendingswerkers en het lezen over zendingswerkers buiten hun kerkmuren."[33]

Veel gemeenten vandaag de dag missen de geestelijke vitaliteit die hun deel zou kunnen zijn. Dat ze niet weten van de vreugde om een deel te zijn van het 'familiebedrijf'. God de Vader maakt ons door Christus tot Zijn zonen en dochters, en dan, wonder boven wonder, roept Hij ons om met Hem mee te doen aan de vervulling van de grootste beweging in de geschiedenis.

DE REIS VAN EEN GEMEENTE

Een aantal jaar geleden had ik het voorrecht mee te lopen met de Rockpointe Community Church in Sterling Heights in Michigan terwijl ze een strategische zendingsvisie formuleerden die het bereiken van een onbereikt volk als het belangrijkste onderwerp omvatte. Uiteindelijk zouden ze een team van drie gezinnen vanuit de gemeente uitzenden om gemeenten te stichten in Senegal, in West-Afrika.

Er is wat achtergrondinformatie nodig om hun opmerkelijke reis goed te kunnen begrijpen. Het was 2010 en de economie van de VS wankelde nog steeds na de beurscrash van 2009. Ze woonden in wat het epicentrum leek te zijn van de financiële weeën in de Verenigde Staten. Veel mensen in Rockpointe hadden geen baan.

WANNEER ALLES ZENDING IS

Ook was er al sprake van het ontslaan van stafleden in de gemeente.

In deze context begonnen ze hun wereldwijde visie en strategie te smeden. Het is ongelooflijk dat de visie niet alleen volledig werd ondersteund door de gemeente, maar dat die visie ook de levens van de mensen van Rockpointe begon te veranderen op onverwachte manieren. Ze noemden hun visie 'Iedereen Dakar'. Het idee daarachter was dat iedereen in Rockpointe er een rol in speelde. (Merk op hoe dat verschilt met 'iedereen is een zendingswerker'.)

Voorganger Randy Tomko deed verslag van een aantal belangrijke punten waardoor de visie de gemeente veranderd werd. Ze kijken nu anders aan tegen hun lokale context. Hij heeft gezien hoe de benadering van hun eigen leven verandert in het licht van het offer dat zij en hun zendingswerkers maken omwille van hen aan de andere kant van de wereld.

„Mensen begonnen Detroit en het hele metrogebied en de moslimgemeenschap te bezien op een manier waarvan we ons eerder niet bewust waren of waar we niet zo goed naar hadden gekeken. Al heel lang wilde ik dat iedereen het evangelie deelde in plaats van alleen te investeren in een professionele cursus (voor zendingswerkers). Dat hebben we beter gedaan dan de meeste gemeenten.

„Dit heeft ons echter nog veel verder gebracht. Omdat iedereen werd bepaald bij hoe deze mensen hun keuzes maakten, offers brachten en op het hoogtepunt van hun carrière eruit stapten, kwam de dringende vraag naar boven: "Waarom zouden ze dat doen? En als ze dat doen omdat God hen daartoe roept, wat betekent dat dan voor mij?" En dat veranderde de blik hoe iedereen tegen het leven aankijkt en tegen dit hele gebied. Ik denk dat dat invloed heeft op de hele stad Detroit."

3 WAAROM ZIJN WE BETROKKEN BIJ ZENDING?

„We hebben de belangrijkste bijdrage geleverd aan wereldzending die we ooit hebben gedaan als gemeente. Het interessantste is echter de impact die het heeft gehad op ons als gemeente. En niet alleen als gemeente, maar op de visie op zending van iedereen hier in de regio van Detroit. Dit project heeft lokaal en op ons als groep meer impact gehad dan dat het overzees nog moet krijgen."[34]

Is dat binnengekomen? Hun betrokkenheid bij Gods werk van het maken van discipelen van alle volken heeft hen als gemeente meer veranderd dan Dakar (tot nu toe). Verhalen over vrijgevigheid, mensen die op nieuwe manieren betrokken zijn bij lokale outreach, en mensen die uitreiken naar moslims in hun achtertuin zijn legio. Voorganger Randy zei dat de deelname van Rockpointe bij het bereiken van een bevolkingsgroep aan het einde van de aarde de manier heeft veranderd waarop mensen tegen het leven aankijken. Dit is ook overgeslagen op hun lokale bediening.

Rockpointe ervoer wat J.D. Greear (in een boek met dezelfde titel) 'gaining by losing'[35] (winnen door te verliezen) noemde. Ze stuurden een paar van hun beste mensen en de belangrijkste middelen het gebouw uit, ver bij het gebouw vandaan, en het eindresultaat was geen verlies, maar een geestelijke groei, niet alleen voor het koninkrijk, maar ook voor hun gemeente.

Het verhaal van Rockpointe staat niet op zichzelf. Ik heb gemeente na gemeente radicaal Gods hart voor de volken zien adopteren door wereldzending te omarmen en als gevolg daarvan gevoed en bemoedigd te worden door God op manieren die ze niet hadden verwacht.

Ik geloof dat iets van de meest liefelijke en meest diepe vreugde, die beschikbaar is voor Gods kinderen aan deze kant van de hemel, ons deel wordt als we opofferend betrokken zijn bij Zijn missie om discipelen te maken van alle volken. Zending brengt leven aan de volken. Zending brengt leven aan de gemeente.

Waarom zending? Omdat onze gemeentes het zich niet kunnen veroorloven om zich niet met zending bezig te houden.

4. OMDAT WE GEROEPEN ZIJN OM GOD TE KENNEN EN HEM BEKEND TE MAKEN

In Jesaja 6:1-8 vinden we wat ik beschouw als een van de belangrijkste zendingspassages in de hele Bijbel. Hier lezen we wat een profeet in beweging bracht en in vuur en vlam zette om God te kennen en God bekend te maken.

„In het jaar dat koning Uzzia stierf, zag ik de Heere zitten op een hoge en verheven troon, en de zomen van Zijn gewaad vulden de tempel. Serafs stonden boven Hem. Ieder had zes vleugels: met twee bedekte ieder zijn gezicht, met twee bedekte hij zijn voeten, en met twee vloog hij. De een riep tot de ander: Heilig, heilig, heilig is de HEERE van de legermachten; heel de aarde is vol van Zijn heerlijkheid! De deurpinnen in de drempels schudden door de stem van hem die riep, en het huis vulde zich met rook. Toen zei ik: Wee mij, want ik verga! Ik ben immers een man met onreine lippen en woon te midden van een volk met onreine lippen. Mijn ogen hebben namelijk de Koning, de HEERE van de legermachten, gezien."

„Maar een van de serafs vloog naar mij toe, en hij had een gloeiende kool in zijn hand, die hij met een tang van het altaar had genomen. Daarmee raakte hij mijn mond aan en zei: Zie, deze heeft uw lippen aangeraakt. Zo is uw misdaad van u geweken en uw zonde verzoend."

Daarna hoorde ik de stem van de Heere. Hij zei: Wie zal Ik zenden? Wie zal er voor Ons gaan? Toen zei ik: Zie, hier ben ik, zend mij."

3 WAAROM ZIJN WE BETROKKEN BIJ ZENDING?

Jesaja's opdracht tot de bediening begon met wat A.W. Tozer een ontmoetingscrisis[36] noemt, een levensbepalende ervaring in zijn leven. Hij zal nooit meer dezelfde zijn. Hij had de Heer gezien en het woord dat hij gebruikt is Adonai, een aanspreektitel voor de Hoogste Heer die alles is over allen.

De tekst zegt dat Jesaja dit visioen van Jezus pas kreeg nadat Uzzia gestorven was. Bijbelwetenschappers speculeren erover, maar ik vraag me af of de profeet teveel gericht was op de koning in plaats van op de Koning der Koningen. De regering van Uzzia was immers tot stand gekomen in een tijd van welvaart en materiële overvloed in het land. Misschien was het hart van Jesaja gericht op meerdere zaken, terwijl God het ontdekken van de diepten van Zijn natuur lijkt te reserveren voor hen wier harten helemaal van Hem zijn.

In 'Whatever Happened to Worship', oppert A.W. Tozer dat de profeet vertrouwd was geworden met de goede dingen die God geschapen had, maar dat hij Gods aanwezigheid nog niet kende.[37] Zou het zo kunnen zijn dat een heleboel mensen die naar de kerk gaan, vertrouwd zijn met de goede dingen die God heeft gemaakt, maar dat ze nooit Zijn heiligheid hebben ervaren of Zijn aanwezigheid kennen?

Als we willen dat ons leven telt met het oog op Gods doelen en omwille van de eeuwigheid, dan moeten we een indringende en adembenemende ontmoeting met Christus hebben. We moeten Hem zien. Maar we zullen Hem nooit zien zoals Hij echt is, totdat ons hart van Hem alleen is, totdat Hij in ons op de troon zit. Is er iets in ons leven dat strijdt om Gods aandacht en Zijn genegenheid? Is er iets dat onze visie voor Hem overschaduwt? Door de genade van God en de hulp van de Heilige Geest moet dat opgeruimd worden zodat we de Heer kunnen zien zoals Hij echt is.

Let bijzonder goed op de ongewone bovennatuurlijke wezens die aanwezig waren bij de ontmoetingscrisis van Jesaja: Serafs. Let op hun ongewone anatomie: ze hebben zes vleugels. Vier vleugels zijn bestemd voor verering en aanbidding en die hun gezicht en voeten bedekken, terwijl twee vleugels bestemd zijn om te dienen en om rond te vliegen en de wil van God te doen. Deze wezens zijn meer bezig met aanbidding dan met dienen. Aanbidding moet op de eerste plaats komen!

Zoals John Piper zegt: „Aanbidding is zowel de brandstof als het doel van zending." Zending begint en eindigt met aanbidding. En waar de ijver voor aanbidding zwak is zal de zendingsijver ook zwak zijn.[38] Dat is een andere manier om te zeggen dat we niet aanbevelen wat we niet prijzen. Als u iemand wilt vinden die leeft tot de eer van God en gepassioneerd Gods zendingsdoelen nastreeft, zoek dan iemand die is gericht op Christus en gepassioneerd is om Hem te verhogen.

Luister goed naar de roep van de schepsels tegen elkaar. Ze zeggen: „Heilig, heilig, heilig is de Heer van de legermachten. De hele aarde is vol van Zijn heerlijkheid!" Hun stemmen zijn zo luid dat zelfs de deurposten van de hemel beven. Hun uitroep is gericht op de eer van God. Hier draait de Grote Opdracht om. De glorie van God zal op een dag de aarde bedekken zoals de wateren de zeeën zullen bedekken.

Tozer zegt dat een echte ontmoeting met God is bestendig en verandert je leven: „De ervaring duurde misschien kort, maar de effecten zullen duidelijk zijn in het leven van degene die is aangeraakt voor de rest van zijn of haar leven."[39]

Het zien van de heiligheid van Christus maakte Jesaja, op een heel nieuwe manier, bewust van zijn eigen zonde. Eindelijk had hij een nauwkeurig beeld van zichzelf. Uiteindelijk zette dit hem aan tot stilte en daarna tot een belijdenis. Jesaja is het eens met God: „God, u bent glorieus. God, ik ben een zondaar; God, ik had het niet in de gaten." Ik heb weleens gehoord dat degene die denkt dat hij God iets te bieden heeft, behalve zijn gebroken leven, niet

3 WAAROM ZIJN WE BETROKKEN BIJ ZENDING?

geschikt is voor Zijn dienst. Als ik door God gebruikt wil worden, moet ik tot Hem komen met open, lege handen. De ironie is dat het enige dat Hij wil hebben, het enige is dat ik oprecht kan geven, een gebroken leven. Degenen onder ons die machtig voor God willen zijn, moeten eerst verbroken en ontward worden.

Als het verhaal hier zou stoppen, zouden we flink in de problemen zitten. Onze God is niet alleen heilig, Hij is ook genadig. Jesaja's oprechte bekentenis leidde tot een onmiddellijke zuivering. Zijn angstige beven wordt nu een verheugd beven. God doet niet alleen zijn zonde weg, maar ook zijn schuld. Een dergelijk genadewerk is essentieel voor een doeltreffende bediening en effectief zendingswerk. Pas toen Jesaja gereinigd was, hoorde hij de roeping van de Heer.

Jesaja kreeg te horen dat hij naar mensen gestuurd zou worden die niet zouden willen luisteren, maar toch accepteerde hij zijn roeping. Onze opdracht is een beetje anders. Mattheüs 24:14 verzekert ons dat het evangelie van het koninkrijk gepredikt zal worden in de hele wereld als een getuigenis voor alle volken. Op grond van het bovenstaande, kunnen we onze missie om discipelen te maken van alle volken aanvaarden met een gevoel van opwinding en van verwachting.

Waarom zending? Omdat we, net als Jesaja, geroepen zijn God te kennen – om Zijn heiligheid en aanwezigheid te ervaren en onze gebrokenheid en Zijn genade voor ons te kennen. We zijn geroepen om Hem te kennen en Hem bekend te maken.

5. OMDAT HET LAM ZIJN LOON WAARD IS

Misschien heeft u gehoord van graaf Nicolaus Ludwig Von Zinzendorf.[40] Hij werd geboren in Duitsland in 1700 in een zeer rijke familie. Hij kwam tot geloof toen hij nog een jongeman was en stichtte uiteindelijk een christelijke gemeenschap die 'Hernhut' werd genoemd, dat betekent 'onder de hoede van de Heer'. Hernhut ging uiteindelijk deel uitmaken van de Moravische kerkbewe-

WANNEER ALLES ZENDING IS

ging die vooral bekend staat om haar ongebreidelde zendingsijver. Getrouw aan hun naam, onder de hoede van de Heer, begon er een 24-uurs bidstond in 1727, het jaar waarin de gemeenschap werd gesticht. Vanaf het begin was gebed voor hen fundamenteel. Deze bidstond ging 100 jaar lang onophoudelijk door. Historici halen aan dat verschillende leden van de oorspronkelijke 300 een verbond met elkaar sloten om ervoor te zorgen dat er ieder uur van elke dag iemand aan het bidden was. Ze baden voor de volken.

Rond 1792, 65 jaar later, terwijl de bidstond nog steeds voortduurde, hadden de Hernhutters al 300 zendingswerkers naar de onbereikte volken in Noord-Amerika, West-Indië, Groenland, Turkije en Lapland gestuurd.

Wat dreef hen om zo radicaal toegewijd te zijn Jezus bekend te maken onder de volken? Het was een overweldigende passie voor de Redder en de daarmee samenhangende eerbied voor het bloed dat Hij had vergoten om mensen te kopen voor God uit elke stam, taal en volk.

Toen Zinzendorf afstudeerde aan de universiteit maakte hij een culturele rondreis door Europa. Op deze reis gebeurde er iets totaal onverwachts dat niet alleen zijn levensloop zou veranderen, maar de eeuwige bestemming van volken over de hele wereld. In een kunstmuseum in Düsseldorf zag hij een schilderij van Domenico Fetti, getiteld *'Ecce Homo'*. Dat is Latijn voor *Zie de Mens*. Het was een portret van Christus die voor Pilatus staat. Christus wordt getoond aan de menigte nadat hij is gegeseld door de Romeinen. De doornenkroon is op Zijn hoofd gedrukt en het bloed loopt over Zijn gezicht. Onder het portret stond geschreven:

„Dit heb Ik voor jou gedaan. Wat heb jij voor Mij gedaan?"

Zinzendorf stond bewegingloos voor het schilderij en keek hoe Zijn Redder leed en bloedde en zei bij zichzelf: „Ik houd al heel

3 WAAROM ZIJN WE BETROKKEN BIJ ZENDING?

lang van Hem, maar ik heb nog nooit echt iets voor Hem gedaan. Vanaf nu zal ik alles doen waartoe Hij mij leidt."

De rest van zijn leven beschouwde Zinzendorf deze ontmoeting als een keerpunt. Het bloed van Jezus nam een centrale plaats in in zijn leven en in de bediening van de Hernhutters.

Het verhaal gaat dat toen de eerste twee jonge Moravische zendingswerkers aan boord gingen van het schip in Kopenhagen op weg naar West-Indië, om misschien nooit meer terug te keren (aangezien 20 van de eerste 29 zendelingen stierven in die eerste jaren), ze hun hand ophieven en naar hun vrienden op de oever riepen:

> „Moge het Lam dat is geslacht het loon voor Zijn lijden ontvangen!"

Dit werd de leus voor de zendingsbeweging van de Hernhutters. De Hernhutters wisten dat Jezus zielen uit elke natie, stam en volk had gekocht tegen de prijs van Zijn eigen bloed (Openbaring 5:9-10) en het zette hen aan tot actie.

> „En zij zongen een nieuw lied en zeiden: U bent het waard om de boekrol te nemen en zijn zegels te openen, want U bent geslacht en hebt ons voor God gekocht met Uw bloed, uit elke stam, taal, volk en natie. En U hebt ons voor onze God gemaakt tot koningen en priesters, en wij zullen als koningen regeren over de aarde."

Merk op hoe het Lam van God wordt aanbeden in dit tekstgedeelte. Jezus heeft met Zijn kostbaar bloed mensen uit elke bevolkingsgroep in de wereld vrijgekocht: iedere stam, iedere cultuur, elke taalgroep. Het loon voor Zijn lijden is het binnenhalen van aanbidders uit alle volken van de wereld. We moeten onthouden dat het bloed van Jezus niet alleen werd vergoten om ons vrij te kopen, maar de wereldwijde gemeente van God vanuit alle volken.

WANNEER ALLES ZENDING IS

DENK AAN DE VOLKEN AAN HET AVONDMAAL

Ik nam eens deel aan een retraite in de buurt van Philadelphia met een gemeente die ik had gediend als zendingscoach. Ze hadden recentelijk een wereldwijde visie gelanceerd met een focus op het Tarahumara volk van Centraal Mexico. Na een ochtenddienst met daarin ruim tijd voor aanbidding, kwamen we samen aan de Tafel van de Heer.

Voorganger Gil Trusty, nu een van mijn beste vrienden, knielde voor de tafel en nadat hij de aandacht had gevestigd op het resterende brood en wijn bad hij, terwijl de tranen over zijn wangen liepen:

> „Vader, dit is bestemd voor het Tarahumara volk. Het is een symbool voor ons van de Tarahumara die nog niet eten en drinken van deze tafel, maar dat zullen ze gaan doen, dat zullen ze gaan doen. Jezus heeft het al voor hen bestemd, maar wij moeten hen uitnodigen te komen. Wij moeten datgene najagen waarvoor Uw Zoon heeft gebloed. Vader, moge het Lam dat is geslacht Zijn loon ontvangen door onze gemeente, de aanbidding van de Tarahumara."

Dit zou de manier waarop ik het Avondmaal benaderde voor altijd veranderen. Als ik nu gemeenschap ervaar, ben ik me bewust van het overgebleven ongegeten brood en de niet gedronken wijn en ik herinner me de volken, het loon voor Zijn lijden.

Zoals Hij het zegt in Johannes 10:16: „Ik heb nog andere schapen, die niet van deze schaapskooi zijn; ook die moet Ik binnenbrengen, en zij zullen Mijn stem horen. en het zal worden één kudde en één Herder." Waarom zending?

1. Omdat Gods hart klopt voor de volken.
2. Omdat er alleen redding is in Jezus.
3. Omdat onze gemeenten het zich niet kunnen veroorloven om zich niet met zending bezig te houden.

3 WAAROM ZIJN WE BETROKKEN BIJ ZENDING?

4. Omdat we geroepen zijn God te kennen en Hem bekend te maken.
5. Omdat het Lam Zijn loon waard is.

Geven deze vijf fundamentele motieven voor zending ons enkele aanwijzingen met betrekking tot wat prioriteit zou moeten zijn en hoe we onze wereldwijde zendingsinspanningen moeten nastreven?

4 IS ELKE CHRISTEN EEN ZENDINGSWERKER?

door Denny Spitters

U BETREEDT NU HET ZENDINGSVELD!
– Bord geplaatst bij de uitgang van de parkeerplaats van een kerk

AANNAMES EN CONSEQUENTIES TER OVERWEGING

Niet zo lang geleden nam ik deel aan een conferentie van evangelische gemeenten met als onderwerp: hoe zijn we een strategisch uitzendende gemeente? Na een moment van begroeten en aanbidding kwam één van de gastheren naar voren om de focus van de conferentie uiteen te zetten. Zijn oproep was gebaseerd op Johannes 20:21, vaak vertaald als: „Zoals de Vader Mij gezonden heeft, zend Ik ook u." Hij baseerde de conferentie op de overtuiging dat elke gelovige gezonden is en daarom is iedereen in de gemeente een zendingswerker. Als alle gelovigen zichzelf zendingswerker zouden noemen en leerden te leven en te handelen als zendingswerkers en als de training in onze gemeenten daarop gericht zou zijn, dan zou de missionaire inzet op een natuurlijke manier verlopen waar we ook naar toe zouden gaan, lokaal of mondiaal, zonder onderscheid.

Anderen die bij dit evenement aanwezig waren, beweren dat wanneer een gemeente bepaalde mensen aanwijst en hen zendingswerkers noemt, de rest van de gemeente (die ook *zendingswerkers* zijn) daarvan is uitgesloten en het gevoel krijgen

WANNEER ALLES ZENDING IS

dat zendingswerk voor iemand anders bedoeld is, namelijk voor professionals. Dat is een van de belangrijkste redenen dat de meeste gelovigen niet vrijmoedig hun geloof delen in hun eigen omgeving.

Sommigen zien dit als een spanningsveld tussen de lokale gemeente en zendingsorganisaties: de plaatselijke gemeente wil de uitzending van haar leden ondersteunen, terwijl zendingswerkers en zendingsgenootschappen proberen om hun eigen plek en status te beschermen. Dat kan soms het geval zijn.

Maar liggen er duidelijke Bijbelse verschillen ten grondslag aan de rol van een zendingswerker? Of is het waar dat we uiteindelijk allemaal zendingswerkers zijn, of we nu onderwijzen, preken en gemeenten stichten in andere landen of dienen als 'business as mission' zendingswerker in onze eigen stad? Het bordje boven veel kerkdeuren of geplaatst bij de parkeerplaats vertelt degenen die naar buiten gaan dat ze nu het zendingsveld betreden. Is deze manier van denken waar of behulpzaam?

LEVEN ALSOF WE GEZONDEN ZIJN

Johannes 20:21 maakt inderdaad duidelijk dat Jezus ons heeft gezonden zoals de Vader Hem had gezonden. Aan het priesterschap van alle gelovigen (1 Petrus 2:5-9) ligt de autoriteit en verantwoordelijkheid ten grondslag om de eer van Hem te verkondigen die ons geroepen heeft uit de duisternis in Zijn wonderlijk licht.

Of is het waar dat we uiteindelijk allemaal zendingswerkers zijn, of we nu onderwijzen, preken en gemeenten stichten in andere landen of dienen als 'business as mission' zendingswerker in onze eigen stad?

In de Grote Opdracht in Mattheüs 28:18-20 is elke volgeling van Christus een discipel die discipelen moet maken. Dit is geen opdracht die uitsluitend is voorbehouden aan zendingswerkers. Je zou kunnen zeggen dat

4 IS ELKE CHRISTEN EEN ZENDINGSWERKER?

elke discipel 'op missie' is om het evangelie te verkondigen. Maakt dat van iedereen een zendingswerker? Of zijn zendingswerkers in welke zin dan ook uniek of apart gezet, zoals voorgangers en ouderlingen?

Zoals bijbelwetenschappers opmerken, moeten we ervoor zorgen dat we onderscheid maken tussen Gods opdracht aan alle christenen en de opdracht die Hij gegeven heeft aan de gemeente als geheel of aan specifieke personen. Als Paulus ons het lichaam van Christus noemt, wijst hij erop dat niet alle leden hetzelfde zijn (1 Korintiërs 12:12-30). God lijkt mensen verschillende gaven en roepingen te geven. Alle christenen moeten vrijgevig leven, maar niet iedereen heeft de gave van het geven. Discipelen van Christus moeten het evangelie delen met de mensen om hen heen, maar niet iedereen heeft de gave van evangelisatie. Alle gelovigen moeten voor elkaar zorgen, maar niet iedereen wordt voorganger of ouderling.

ZENDING EN EVANGELISATIE

Wat bedoelen mensen als ze zeggen: 'zijn alle christenen zendingswerkers'? Laten we eens kijken naar een paar van de meest geciteerde uitspraken in deze context en wat ze te zeggen hebben met betrekking tot zending.

- Charles Spurgeon: „Elke christen hier is ofwel een zendingswerker of een bedrieger."[41] Een zeer bekende uitspraak van een zeer invloedrijke prediker. Maar bedoelt Spurgeon hier dat het zich uitstrekken naar de omringende wereld het simpele bewijs is of iemand een discipel is van Jezus?
- Winkie Pratney: „Elke christen is een zendingswerker, elke niet-christen een zendingsveld."[42] Zet Pratney, een evangelist en auteur uit Nieuw-Zeeland, iedere christen aan om de verantwoordelijkheid op te pakken om het evangelie te leven en te verkondigen door evangelisatie onder ongelovigen, of is het nog iets meer?

- Graaf Ludwig von Zinzendorf: „Zending is eenvoudigweg dit: Elk hart met Christus is een zendingswerker, elk hart zonder Christus een zendingsveld."[43] Maakt Zinzendorf, grondlegger van de Hernhutters, allereerst het punt dat evangelisatie het centrale richtpunt van crossculturele zending is, of zegt hij dat evangelisatie en zending aan elkaar gelijk zijn?
- Alan Hirsch: „Christenen die hun geld verdienen als leerkracht, accountant, winkelbediende, monteur, loodgieter, dokter, of wat dan ook - jullie zijn zendingswerkers!"[44] Beweert Hirsch dat gelovigen zich moeten onderscheiden als zendingswerkers ongeacht het beroep dat ze uitoefenen, of beweert hij dat we onszelf, ongeacht ons beroep, moeten onderscheiden door te 'leven alsof we gezonden zijn' binnen dat beroep?

Elke uitspraak verwoordt een hartstochtelijke drijfveer voor elke discipel in het lichaam van Christus om aangespoord te worden tot een bruisende en naar buitengerichte uiting van geloof in woord en daad. Het delen van ons geloof is de verantwoordelijkheid van elke discipel. Elke uitspraak vraagt ons een kanaal te zijn, waardoor het evangelie naar buiten kan stromen door onze levens heen. Daar zijn we het helemaal mee eens.

Elk van deze uitspraken komt neer op de verantwoordelijkheid van elke gelovige om anderen bereidwillig te betrekken bij evangelisatie. Maar is het delen van ons geloof en bezig zijn met zending hetzelfde? Zijn zending en evangelisatie synoniem?

ZIJN ZE SYNONIEM?

Wij stellen dat, hoewel evangelisatie belangrijk is bij het maken van discipelen en het maken van discipelen de kern is van onze opdracht, zending *niet* hetzelfde is als evangelisatie. Hoewel de intentie misschien is om aan het lichaam van Christus meer een gevoel van richting en motivatie te geven, heeft de keuze om alle christenen zendingswerkers of potentiële zendingswerkers te

4 IS ELKE CHRISTEN EEN ZENDINGSWERKER?

noemen, een kostprijs. Het ontneemt ons de woorden om hen te beschrijven die op unieke wijze apart gezet zijn om het evangelie als pioniers te brengen over nog niet overschreden grenzen.

De verwachting dat het aanmoedigen van elke christen om zichzelf aan te duiden als zendingswerker de activiteit van outreach en evangelisatie groter zal maken, heeft een aantal belangrijke tekortkomingen.

Justin Long vergelijkt deze twee termen goed: „We zeggen 'elk lid is een zendingswerker' maar dat menen we niet echt," zegt hij. Wat we echt bedoelen is het volgende:

- 'elk lid is een getuige' (klaar om getuigenis af te leggen van wat God heeft gedaan in uw leven)
- 'elk lid is een evangelist' (klaar om het goede nieuws van redding te delen)
- 'elk lid helpt mensen om discipelen te worden' (die naast mensen staat om hen te helpen groeien in hun gehoorzaamheid aan Jezus).

„Maar 'zendingswerker' betekent (a) gezonden (b) over een grens naar een plaats waar het evangelie niet is (c) om een gemeente gesticht te zien (werden mensen niet alleen christen) die (d) iedereen in die plaats kan bereiken zonder dat de zendingswerker aanwezig is (door het werk van getuigen, evangelisten, voorgangers, enz.)."[45]

EEN BIJBELS FILTER

Kunnen we het gebruik of de definitie van het woord *zendingswerker* in de Bijbel vinden? Als het niet in de Bijbel voorkomt, hebben pogingen om een 'Bijbelse' definitie te formuleren hun beperkingen. Maar om nu te zeggen dat *zendingswerker* een buitenbijbels concept is, gaat weer te ver. Kevin DeYoung beweert:

„Op het meest basale niveau *is een zendingswerker iemand die gezonden is*. Dat is wat het woord 'zending' inhoudt. Het komt misschien niet voor in uw Nederlandse Bijbel, maar het blijft wel een Bijbels begrip."[46]

Het lijkt duidelijk dat het idee dat bepaalde personen apart zijn gezet en worden uitgezonden voor zendingsdoeleinden wel voorkomt in de Bijbel. „Zonder voor Mij zowel Barnabas als Saulus af voor het werk waartoe Ik hen geroepen heb" (Handelingen 13:2).

Het woord *apostel* komt meer dan 80 keer voor in het Nieuwe Testament. Het betekent simpelweg een boodschapper of iemand die gezonden werd om een boodschap over te brengen. Het Nieuwe Testament gebruikt het begrip ook in engere zin om te refereren aan de kring van discipelen van Christus, waaronder Paulus die de titel kreeg van Jezus zelf.

We willen u erop attent maken dat we *niet* beweren dat de rol of de taak van apostel in deze enge zin vandaag de dag bestaat. We gebruiken de term in de zin van Efeziërs 4:11-13, namelijk de rol van hen die het volk van God toerusten tot dienstbaarheid en in een bediening. Ze zijn begiftigd met de taak om het evangelie daar te brengen waar het nog onbekend is. Apostelen kunnen ook een unieke ondernemende rol spelen bij het grensverleggende rol van de openbaring van het evangelie zoals Paulus beschrijft in Romeinen 15:20-21:

> „En evenzo stelde ik er mijn eer in om het Evangelie daar te verkondigen waar Christus nog niet genoemd was, om niet op het fundament van een ander te bouwen. Maar zoals geschreven staat: „Zij aan wie niets over Hem verkondigd was, zullen het zien, en zij die het niet gehoord hebben, zullen het begrijpen."

We vinden het dan ook zinvol om de term apostel en het woord ambassadeur met elkaar te verbinden. Een ambassadeur is een

4 IS ELKE CHRISTEN EEN ZENDINGSWERKER?

geautoriseerde boodschapper of vertegenwoordiger (bijv. in 2 Korintiërs 5:20). Ambassadeurs werden en worden gezonden als afgezanten op een missie om diegenen te vertegenwoordigen die hen gezonden hadden en bevonden zich vaak in onbekende en vijandige omgevingen. Ze moesten zichzelf eerder beschouwen als vervangbaar dan dat ze een koninklijke behandeling te verwachten hadden zoals sommige ambassadeurs vandaag de dag. Het gebruik van het woord *apostel* in de betekenis van een boodschapper of ambassadeur is vandaag de dag verloren gegaan, behalve in die gevallen waar de term is vertaald in het Latijn met het woord *missio*, waarvan *missionair* is afgeleid. Dus redelijkerwijs kunnen we zendingswerkers beschrijven als hebbende een apostolische functie.

Een zendingswerker kan, net als een apostel, gezien worden als een ambassadeur uitgezonden op een missie voor de Koning. Dit suggereert geen bijzondere rang, **Een zendingswerker kan, net als** maar een unieke rol. Apostolische **een apostel, gezien worden als** zendingswerkers zijn geen super- **een ambassadeur uitgezonden** christenen, maar ze zijn geroepen **op een missie voor de Koning.** en begiftigd door God om uitgezonden te worden, om grenzen te doorbreken en de boodschap van het evangelie te brengen en discipelen te maken van alle volken.

Vergelijkbaar met een ouderling of voorganger die onderwijst en die bepaalde gaven en eigenschappen van God nodig heeft voor de bediening of het onderricht, moeten apostolische zendingswerkers bepaalde gaven en door God gegeven capaciteiten bezitten die erkend worden door degenen die hen uitzenden. Johannes moedigt de ondersteuning van zulke werkers aan (3 Johannes 6-8):

> „U zult er goed aan doen wanneer u hen verder op weg helpt op een voor God waardige manier. Want zij zijn

voor Zijn Naam uitgegaan, zonder iets aan te nemen van de heidenen. Wij moeten dan zulke mensen ontvangen, opdat wij medearbeiders van de waarheid mogen worden."

We merken op dat hoewel dit tekstgedeelte deze apostolische zendingswerkers 'apart zet' voor een specifieke taak, het ook duidelijk opdracht geeft aan andere volgelingen van Christus om betrokken te zijn bij zending. Iedereen moet een rol spelen. Zending behoort niet alleen toe aan zendingswerkers. Zendingswerkers die zich gedragen alsof dat wel zo is, begeven zich op glad ijs, zoals we zullen onderzoeken in het volgende hoofdstuk.

ENGERE DEFINITIES

Een enger gebruik van de term 'zendingswerker', één die een duidelijke definitie biedt, beschrijft zendingswerkers als diegenen die gezonden zijn om het evangelie te planten in een doelcultuur totdat het zich overal verspreid heeft binnen die cultuur en misschien ook daarbuiten. Het is misschien niet mogelijk om een feilloze definitie van een zendingswerker te geven, noch een definitie waar we allemaal achter kunnen staan, maar dat is geen excuus om dan maar helemaal geen definitie te hebben. Missioloog Herbert Kane stelt het volgende voor:

> „In de traditionele zin is de term zendingswerker gereserveerd voor hen die geroepen zijn door God tot een fulltime bediening van het Woord en gebed (Handelingen 6:4), en die geografische en/of culturele grenzen hebben overschreden (Handelingen 22:21) om het evangelie te verkondigen in die gebieden van de wereld waar Jezus grotendeels of helemaal onbekend is (Romeinen 15:20). Deze definitie, hoewel geenszins perfect, is in elk geval wel Bijbels."[47]

Nogmaals, dit maakt hen die dienen in dergelijke rollen niet beter of belangrijker dan anderen in het lichaam van Christus. Sterker

4 IS ELKE CHRISTEN EEN ZENDINGSWERKER?

nog, huidige of vroegere zendingswerkers op een voetstuk plaatsen of hen omschrijven als helden (waartoe sommige goedbedoelende zendingsmobilisators of -wervers geneigd zijn) kan een groot probleem zijn. Eraan vasthouden dat zendingswerkers een exclusieve en heiligere klasse zijn, kan de onjuiste boodschap uitzenden dat de rest van ons in de gemeente tweederangs christenen zijn die deze professionals betalen om hun missie bij volmacht uit te voeren. Wij zouden zeggen dat alle christenen zijn geroepen om deel te nemen aan de Grote Opdracht – zowel wereldwijd als lokaal. Iedereen heeft deel aan Gods wereldwijde missie. Maar niet alle christenen zijn geroepen om apostolische zendingswerkers te zijn.

GEROEPEN EN BEGENADIGD

In de context van zending en bediening kunnen de woorden *geroepen* en *roeping* in verschillende mate aanleiding geven tot verschillende niveaus van angst, verwarring en vertrouwen. Het is ten eerste essentieel om de *algemene oproep* van de Bijbel met zijn opdrachten en aanwijzingen voor de hele gemeente te scheiden van de specifiekere *individuele roeping* waar velen op terugvallen om hun plek te vinden, beroepsmatig en/of in een bediening.

Het lijkt duidelijk dat het specifieke besef van roeping van een gelovige geworteld zou moeten zijn in de context van het onderwijs vanuit de Bijbel en de structuur van de lokale gemeente, namelijk via het aanwijzen, bevestigen, bekrachtigen en uitzenden van werkers (zoals we zien in Handelingen 13). Toch zien we de woorden 'God heeft me geroepen' te vaak gebruikt om een gesprek met de gemeente te beëindigen dan om er één te beginnen, om elke test van karakter, voorbereiding of verduidelijking van roeping te omzeilen. Alsof Gods leiding alleen gekend kan worden door het individu of het gezin dat 'geroepen' is.

Zendingskandidaten hebben meer nodig dan een roeping; ze hebben ook gaven nodig die in overeenstemming zijn met hun bediening. Het ultieme doel van die gaven is het helpen discipelen te maken. Zoals Os Guiness ons in herinnering brengt:

„Binnen het Bijbels begrip van begaafdheid, zijn gaven nooit echt van ons of voor onszelf. We hebben niets dat ons niet gegeven is. Uiteindelijk zijn onze gaven van God en zijn we alleen 'rentmeesters', verantwoordelijk voor een zorgvuldig beheer van het bezit dat niet van onszelf is. Daarom zijn onze gaven altijd 'van ons voor anderen' of het nu in de gemeenschap met Christus is of in de bredere maatschappij daarbuiten, in het bijzonder de naaste in nood."

Daarom is het ook onjuist om God te behandelen als een groot uitzendbureau, een hemelse leidinggevende op zoek om de perfecte match te vinden voor onze perfecte gaven. De waarheid is niet dat God een plek voor ons zoekt voor onze gaven, maar dat God ons en onze gaven geschapen heeft voor een plaats die Hij gekozen heeft en we zullen alleen onszelf zijn als we eenmaal daar zijn."[48]

ZENDINGSWERKER: VERVANGEN OF TERUGWINNEN?

Brian D. McLaren, een schrijver van invloed binnen de Emerging Church beweging, is een van degenen die zonder voorbehoud verklaart dat 'elke christen een zendingswerker is en elke plaats een zendingsveld'.[49]

In een reactie op zijn stelling in een artikel voor *Evangelical Missions Quarterly*, wijst voorganger Greg Wilton erop dat het 'de specifieke roeping voor sommige christenen kan vertroebelen door hun leven toewijden aan een fulltime crosscultureel getuigenis'. Dit is ook onze zorg. Wilton citeert missioloog Steven

> Als we er desondanks voor kiezen om elke christen een zendingswerker te noemen, dan zullen we een nieuwe term moeten creëren voor de christen die speciaal geroepen, begiftigd en uitgezonden is voor crossculturele zending.

4 IS ELKE CHRISTEN EEN ZENDINGSWERKER?

Strauss en Craig Ott die zeggen (net als Stephen Neill jaren geleden zei):

„Als we er desondanks voor kiezen om elke christen een zendingswerker te noemen, dan zullen we een nieuwe term moeten creëren voor de christen die speciaal geroepen, begiftigd en uitgezonden is voor crossculturele zending. Anders loopt deze unieke essentiële en goddelijk toegewezen rol het risico helemaal verloren te gaan."[50]

Wilton legt uit:

„Strauss en Ott geloven dat alle christenen geroepen zijn om missionair te leven voor God, maar dat sommigen zijn geroepen voor zending op een meer specifieke manier. Zij geloven dat het woord 'zendingswerker' was gecreëerd om te helpen een bepaalde groep christelijke mannen en vrouwen die geroepen waren om een bepaalde vorm van zending te vervullen aan te duiden."

„De positie van McLaren en die van Strauss en Ott wordt weerspiegeld in de twee zijden van één munt. Hoewel beide kanten het erover eens zijn dat alle christenen geroepen en opgedragen zijn om de Grote Opdracht van Jezus te gehoorzamen, verschillen ze van mening over de duidelijke identificatie van een zendingswerker."[51]

Wat concludeert Wilton?

..Ben ik echt een zendingswerker? Zou dat ook van ons gezegd moeten worden? Zijn we allemaal zendingswerkers? Mijn rechtstreekse en eenvoudige antwoord op deze vraag is 'nee'...*Het woord is te kostbaar en belangrijk voor dat wat Gods soevereine plan voor de hele wereld is.*"[52]

WOORDEN MET EEN RUGZAK

Sommigen verwerpen of herdefiniëren de woorden zendingswerker en missionair, omdat ze deze zien als te eng of te exclusief. Anderen wijzen ze af omdat ze ons, in het Nederlands, voor taalkundige uitdagingen plaatsen. En velen zouden deze woorden misschien achter zich laten vanwege negatieve associaties.

De motivatie om woorden te verwerpen die een negatieve of verwarrende bijklank hebben gekregen, is begrijpelijk. Ik herinner me nog levendig een discussie met een goede vriend toen ik besloot mezelf te distantiëren van het woord *christen*. Ik wees erop dat er in onze cultuur te veel negativiteit en hindernissen te overwinnen zijn. Als me werd gevraagd of ik een christen was, zou ik dat direct ontkennen en mezelf in plaats daarvan identificeren als 'een volgeling van Jezus'.

Na een veelbetekenende stilte antwoordde mijn vriend: "Broeder, jouw 'volgelingen van Jezus' worden al meer dan 2000 jaar *christenen* genoemd, en dat is inclusief the 'good, the bad, and the ugly'. Het is het bepalende woord voor wie we zijn. Vereenzelvig je ermee! Ontkenning en herformulering brengen gewoonlijk alleen verwarring en nog meer onzekerheid met zich mee. Veronderstel niet dat je jezelf kunt onttrekken aan de desinformatie, potentiële hoon of afwijzing of de historiciteit ervan in dat verband. Accepteer het! Het is wie we zijn!"

Op dezelfde manier hebben pogingen om de term *zendingswerker* te vervangen vanwege onaangename of misleidende associaties net zoveel gedaan om verwarring te zaaien als om deze weg te nemen. De algemene teneur en strekking van de Bijbel bieden ruimschoots ondersteuning voor het gebruik van het begrip *zendingswerker*. Dit woord is niet essentieel, maar een zeker taalgebruik en duidelijkheid is dat wel, zelfs als volstrekte nauwkeurigheid onmogelijk is.

4 IS ELKE CHRISTEN EEN ZENDINGSWERKER?

We wijzen creatief taalgebruik of het gebruik van begrippen als crosscultureel werker, werker in het koninkrijk en tentenbouwer niet af. Vanzelfsprekend erkennen we dat zij die dienen in een vijandige omgeving het verstandig en noodzakelijk achten om te vermijden dat ze openlijk bekend staan als zendingswerkers. Maar we geloven ook dat het tijd is dat de gemeente de geweldige door God geïnspireerde *rol* van de apostolische, crossculturele zending gaat terugwinnen, opeisen en herstellen omwille van de zaak van Gods koninkrijk en de essentie van de gemeente.

Dit is misschien een goed moment om op te merken dat, hoewel ik werk voor een zendingsorganisatie, ik mezelf niet beschouw als zendingswerker. De belangrijkste functie van bedieningen of organisaties, die op een veelvoud van manieren gemeenten ondersteunen bij het uitzenden van zendingswerkers, is mobilisatie. Zoals wij het zien is die rol essentieel voor het zendingsproces. Het vereist vaak werken in een fulltime bediening en op zoek gaan naar financiële ondersteuning. Het personeel van een zendingsorganisatie en andere mobilisators zijn de steun en bemoediging van de gemeente waard. Maar we geloven niet dat een Bijbels begrip van de zendingstaak vraagt dat ze worden aangeduid als zendingswerkers.

ZENDINGSWERKER ALS KOLONIALIST
Het is wellicht nuttig om een aantal van de negatieve associaties met zendingstaal in meer detail te bespreken. Woorden als *zending* en *missionair* lijken misschien koloniaal, arrogant, controversieel, gewelddadig, ouderwets of veroordelend.

Af en toe krijg ik vragen over mijn rol bij Pioneers. Als ik antwoord dat ik gemeenten mobiliseer, bemoedig en help om zendingswerkers uit te sturen naar onbereikte bevolkingsgroepen waar geen discipelen of gemeenten zijn, kijken sommigen me ontzet aan. Ze zullen misschien vragen: „Je bedoelt toch niet echt het uitsturen van zendingswerkers? Is dat nog nodig of wordt dat nog gedaan?"

WANNEER ALLES ZENDING IS

Deze bezwaren kunnen geworteld zijn in de maatschappij en kunnen geleerd worden in onze scholen gebaseerd op een overtuiging dat zendingswerkers van oudsher direct hebben bijgedragen aan de exploitatie en vernietiging van en dominantie over andere culturen. Hoewel de zendingsgeschiedenis donkere perioden heeft gekend, staat het toeschrijven van het misbruik uit de koloniale tijd aan zendingswerkers gelijk aan 'schuld door associatie'.

Het moet gezegd worden dat niet alle zendingsleiders in de gemeenten er dergelijke kritische visies op na houden, maar sommigen wel.

Velen in onze gemeenten zijn onwetend over de grote bijdragen die zendingswerkers hebben geleverd om gemeenschappen beter te maken en onrecht te bestrijden in plaats van het te propageren.

Onze ervaring leert dat velen in onze gemeenten onwetend zijn welke grote bijdragen zendingswerkers hebben geleverd om gemeenschappen beter te maken en onrecht te bestrijden in plaats van het te propageren. Vele zendingswerkers, die verre van koloniaal zijn in hun denken, hebben een standpunt ingenomen tegen een dergelijke exploitatie en hebben gestreden om er een einde aan te maken.

Socioloog Robert D. Woordberry heeft uitgebreid onderzoek gedaan naar dit thema en daaraan gerelateerde vragen. „We hoeven niet te ontkennen dat er racistische zendingswerkers zijn en zijn geweest", zegt Woodberry.

„We hoeven niet te ontkennen dat er zendingswerkers zijn en zijn geweest die egocentrisch werkten. Maar als dat het gemiddelde resultaat was, zouden we verwachten dat de plaatsen waar zendingswerkers invloed hebben gehad er erger aan toe waren dan de plaatsen waar zendingswerkers geen toegang hadden of beperkt werden bij hun acti-

4 IS ELKE CHRISTEN EEN ZENDINGSWERKER?

viteiten. We vinden precies het tegenovergestelde in allerlei resultaten. Zelfs op plaatsen waar weinig mensen tot bekering kwamen, hebben [zendingswerkers] een uitgesproken economische en politieke impact gehad.'"[53]
Na jarenlang onderzoek naar statistische data en historische analyses, met een subsidie van $500.000 en meer dan 50 onderzoekers die data hebben doorzocht, kon Woodberry nu een overtuigende claim onderbouwen die de verkondiging van het evangelie koppelt aan sociale transformatie.

„Gebieden waar protestantse zendingswerkers in het verleden nadrukkelijk aanwezig zijn geweest, zijn vandaag de dag gemiddeld genomen economisch meer ontwikkeld met een verhoudingsgewijs betere gezondheid, lagere zuigelingensterfte, minder corruptie, grotere geletterdheid, hogere scholingsgraad (in het bijzonder voor vrouwen) en stabielere deelname aan niet-gouvernementele organisaties."[54]

Het werk van Woodberry heeft het tegenovergestelde laten zien van het idee dat de ronde doet dat zendingswerk hoofdzakelijk destructief is geweest. Hij benadrukt het sterke verband tussen de intentionele zendingsbediening en discipelschap die deze zendingswerkers hebben nagestreefd en de vrucht ervan, waaronder grote sociale gerechtigheid en transformatie. Het zou ons moeten verbazen dat zendingswerkers die zich hebben gericht op persoonlijke 'bekering' van valse religies tot Christus die 'alle dingen nieuw maakt' meer sociale en culturele vooruitgang hebben geboekt, zelfs zonder sociale en culturele hervorming als hun belangrijkste doel en motivatie voor dienstbetoon?

Het evangelie kan culturen *optimaal* hervormen. Wanneer gaan we ons realiseren welke rijke erfenis zendingswerkers hebben nagelaten toen ze het evangelie brachten onder de onbereikten en de transformatie van maatschappijen die daarvan het gevolg was? Het onderzoek van Woodberry is nog maar het topje van de ijsberg. Misschien hebben we minder reden om onszelf te distantiëren van vroegere zendingsinzet dan ons is geleerd.

EEN KATHOLIEKE ZENDINGSPARALLEL

Hoe heeft het concept dat 'elke christen een zendingswerker en elke bediening van de gemeente zending is' andere religieuze instituties beïnvloed die dat hebben overgenomen?

Robert Royal, die een online katholiek forum beheert, verbindt een verruimde definitie van zending met de dood van de zending in de katholieke kerk:

> „Nog niet zo lang geleden, wanneer je sprak over de dood van zendingswerkers, betekende dat dat ze jammerlijk aan hun eind waren gekomen in een verafgelegen hoekje van de wereld. Meer recent betekende het dat niemand de nood om 'het evangelie te verkondigen aan alle volken' nog voelde en dat zendingswerk in wezen aan het verdwijnen is. Ons moderne evanglelie is veel eenvoudiger: In de basis zijn we toch immers allemaal al goede mensen? Dus waarom kunnen we dan andermans leefwijze niet respecteren en proberen gewoon met elkaar om te gaan."

> „ ... Dat lijkt nu de standaardinstelling te zijn, zelfs voor veel christenen..."

> „ ... de geest van het zendingswerk is aan het opdrogen. De dagen dat katholieke kinderen vastten in de veertigdagentijd en hun collectebussen opstuurden voor de zending liggen ver achter ons. Het is een teken dat de volwassenen zending ook niet meer serieus nemen."

Royal haalt een katholieke zendingsleider aan die deze tendens toeschrijft aan de versnippering van zendingsverantwoordelijk-

4 IS ELKE CHRISTEN EEN ZENDINGSWERKER?

heid in de jaren '50 en '60 van de vorige eeuw, toen men begon te zeggen dat de hele kerk 'missionair' is.

„Het is een oud ma ar waar adagium dat wat de verantwoordelijkheid van iedereen is, niemands verantwoordelijkheid is. Hoe reikt 'de hele kerk' uit naar verre volken zonder de juiste instelling en een houding dat het noodzakelijk is? De resultaten bevestigen glashelder dat ze dat niet kan."

Daarnaast, meldt hij, hebben velen duidelijk seculiere projecten omarmd waar mensen achter kunnen staan en zich goed bij kunnen voelen. Velen veronderstelden dat deze meer toegankelijke inzet zou leiden tot een toename van het aantal mensen dat een 'roeping' voor zending bevestigd zag.

„Dat gebeurde niet... Vandaag de dag zijn onze zendingswerkers betrokken bij nationale campagnes ten behoeve van buitenlandse schuld, tegen wapenproductie, tegen nagemaakte geneesmiddelen en voor publieke toegang tot water: vandaag de dag spreekt niemand meer over zending voor de volken, maar over wereldoriëntatie en over sociale of ecologische inzet. Kunt u me vertellen hoeveel jonge mannen of vrouwen enthousiast worden om zendingswerker te worden na een demonstratie om te protesteren tegen de productie van wapens? Niemand."[55]

Zullen evangelische protestanten dezelfde fouten maken? Zendingsstructuren ontbinden zonder ze te vervangen en seculiere waarden accepteren, terwijl Bijbelse principes en de centraliteit van het evangelie worden verworpen? Zal zending, voor ons, alles zijn behalve het maken van discipelen van de volken?

WAT GEBEURT ER ALS WE EEN PARADIGMA TE VER OPREKKEN?

WANNEER ALLES ZENDING IS

Stemmen die de 'elke christen is een zendingswerker' boodschap promoten, verwachten als resultaat meer evangelisatie, discipelschap en outreach, waaronder een toename van crossculturele zending en het nastreven van een lange termijn, fulltime bediening. Maar dit was niet het geval. Voor zover wij weten is er geen onderzoek gedaan dat een directe correlatie met toegenomen crossculture bediening bewijst of ontkracht. Onze ervaring en sporadische observaties van de laatste tientallen jaren onthullen nauwelijks bewijs voor zendingsprogressie die leidt tot een toegenomen crossculturele bediening. We kunnen een parallel hiermee zien in de spectaculaire explosie van korte termijn zendingsreizen in de jaren '80 en '90 van de vorige eeuw die niet de aanzienlijke toename van nieuwe lange termijn werkers tot gevolg hadden die velen hadden voorspeld.[56] In het gunstigste geval is crossculturele zending gelijk gebleven en in bijzondere omstandigheden stopten kerken met of trokken zich terug uit crossculturele inspanningen ten gunste van andere activiteiten.

Zou het zo kunnen zijn dat wanneer te veel mensen te horen krijgen dat ze een rol moeten aannemen waarvoor ze niet toegerust noch geroepen zijn die na te jagen, het resultaat een gemeente is waar zending verstoord, verarmd en verzwakt is?

Brede definities van 'wie is een zendingswerker' kunnen ook een soort van 'doofheid' onder gemeenteleiders creëren, die hen verhindert om diegenen te erkennen en toe te rusten die God heeft geroepen in een apostolische zendingsrol: „Nou, John, geweldig dat je ervaart dat God tegen jou spreekt over crossculturele zending, maar weet je, we zijn allemaal zendingswerkers!"

Postmodern denken, onjuiste perspectieven op de Bijbelse basis en geschiedenis van zending, en een cultuur van individualisme lijken de Noord-Amerikaanse kerk zo beïnvloed te hebben dat onderscheidende kenmerken met betrekking tot verschillende bedieningsrollen en doelen er niet langer toe doen.

4 IS ELKE CHRISTEN EEN ZENDINGSWERKER?

Als we de definitie van zending en zendingswerkers te ver oprekken, wordt zending in welke traditionele zin dan ook gemarginaliseerd. We geloven dat dit alleen hersteld kan worden als het hele lichaam van Christus zich gaat richten op gehoorzaamheid aan de Grote Opdracht, inclusief het uitzenden van werkers naar de einden van de aarde.

Als we de definitie van zending te ver oprekken, wordt zending in welke traditionele zin dan ook gemarginaliseerd.

Het is niet te laat voor de Noord-Amerikaanse kerk om opnieuw vast te stellen dat zendingswerkers diegenen zijn die uitgezonden zijn en het idee opzij te zetten dat alles zending is en iedereen een zendingswerker, of dat het slechts een semantisch debat is. We geloven dat de toekomstige gezondheid van de gemeente en de bevordering van het evangelie in onze eigen omgeving direct gelinkt is aan helder nadenken over zendingstaken en -rollen. Gaan en discipelen maken van alle volken en hen uitzenden die God voor een speciaal doel heeft geroepen, is niet alleen een opdracht, het is het levenssap van onze taak – het bevorderen van het evangelie en betrokken zijn bij het werk van Jezus om Zijn wereldwijde gemeente te bouwen.

5 HOE STUREN WE ZENDINGSWERKERS UIT?

door Denny Spitters

> „Hoe zullen zij dan Hem aanroepen in Wie zij niet geloven? En hoe zullen zij in Hem geloven van Wie zij niet gehoord hebben? En hoe zullen zij horen zonder iemand die predikt? En hoe zullen zij prediken, als zij niet gezonden worden? Zoals geschreven staat: Hoe lieflijk zijn de voeten van hen die vrede verkondigen, van hen die het goede verkondigen!" Romeinen 10:14-15

DE CRUCIALE ROL VAN DE LOKALE GEMEENTE

De televisieserie *Travel the Road* ging in 2003 in première met als doel 'het rauwe en authentieke verhaal van de zendingswerkers Timothy Scott en William Decker vast te leggen terwijl ze op evangelie-expeditie gingen naar de meest afgelegen en onbereikte landen ter wereld'.[57]

We houden van de drijfveer van Tim en Will om gehoorzaam te zijn. Gewoon gaan! Het is hun visie om naar de moeilijkste en meest afgelegen plaatsen te gaan, waar het evangelie waarschijnlijk nog niet is verkondigd. Het levert een heel aangrijpend reality-tv avontuur op.

Aan de andere kant geven Timothy en William direct toe dat Will geen gelovige was toen ze begonnen in 2003 (hoewel hij dat ondertussen wel is geworden). En, hoewel ze inmiddels een

WANNEER ALLES ZENDING IS

volgerspubliek hebben verworven en verantwoording moeten afleggen voor de cameralens, zien we niet dat ze door een kerkelijke gemeenschap zijn herkend, bevestigd of uitgezonden.

Hun benadering van de bediening heeft ook een aantal wezenlijke zwakheden. Hoewel ze opoffering en moed tonen in hun toewijding om te gaan en het evangelie te verkondigen, meestal met hulp van een vertaler, lijken ze weer snel verder te trekken naar de volgende locatie voor een nieuwe aflevering, waarbij het erop lijkt dat degenen die reageren op hun boodschap aan hun lot worden overgelaten. In tegenstelling tot het voorbeeld in Handelingen 14:21-23 zien we geen bewijzen dat ze discipelen maken of eraan werken om een gemeente te stichten in de context die ze bezoeken.

> **Het Nieuwtestamentische model van evangelieverkondiging door Paulus, Barnabas en anderen had altijd de intentie van discipelschap en het onderbrengen van deze gelovigen in lokale gemeenten.**

Een aantal van deze zwakheden hangt samen met het medium. Omdat men zoekt naar steeds meer pakkende afleveringen en nieuwe afgelegen locaties, lijkt de televisie hun bediening op te hemelen en te simpel weer te geven door Timothy en William (hoe goed bedoeld ook) in het centrum van de zendingsactiviteit te plaatsen zonder ondersteuning van een lokale gemeente thuis of de geboorte van lokale gemeenten op locatie. Maar hoe krijgt discipelschap vorm, voor zowel Tim en Will, dan wel voor hen die ze mogen bereiken met een dergelijke aanpak?

Kunnen nieuwe gelovigen groeien en bloeien zonder de gemeenschap van een kerkfamilie?

5 HOE STUREN WE ZENDINGSWERKERS UIT?

Denk eens na over het contrasterende plaatje geschetst door Kevin DeYoung en Greg Gilbert in hun boek *What Is the Mission of the Church?*:

„Het is de missie van de gemeente om de wereld in te gaan en discipelen te maken door het evangelie van Jezus Christus te verkondigen in de kracht van de Geest en deze discipelen samen te brengen in gemeenten, opdat ze Christus zullen aanbidden en gehoorzamen nu en tot in eeuwigheid tot de heerlijkheid van God de Vader."[58] Hoewel een nadruk op evangelisatie en het tellen van bekeerlingen misschien normaal is voor veel Amerikaanse christenen vandaag de dag, omvatte het Nieuwtestamentische model van evangelieverkondiging zoals dat werd uitgedragen door Paulus, Barnabas en anderen altijd doelbewust discipelschap en het onderbrengen van die gelovigen in lokale gemeenten. Laten sommige van de huidige modellen een aantal van deze sleutelaspecten achterwege?"

DE RELATIE TUSSEN ZENDER EN GEZONDENE

Dat brengt ons bij de vraag van roeping. Als God sommige mensen roept, toerust en gaven geeft om grenzen van taal, cultuur en geografie over te steken om discipelen te maken, hoe weten we dat dan? Is het hoofdzakelijk een 'u en God' proces waarbij we van God horen waarheen Hij graag wil dat we gaan en dit nieuws vervolgens delen met anderen zodat ze met ons samen kunnen werken om te voorzien in de benodigde middelen?

Ik sta versteld van de overvloed aan bedieningen waarvan de websites de nadruk leggen op het vinden en nastreven van onze roeping voor zending zonder veel melding te maken van de lokale gemeente. Het lijkt wel alsof de gemeente geen deel uitmaakt van het proces, of, als dat wel zo is, alleen een oppervlakkige rol speelt aan de zijlijn. De meeste van deze organisaties hebben een goede visie en sommige noemen samenwerking met lokale gemeenten op het veld. Maar waar is de lokale gemeente aan het begin? Kunnen en mogen lokale gemeenten een fundamentele rol spelen bij het proces van uitzenden?

Als zendingswerkers de uitgezondenen zijn dan gaan ze niet alleen naar de verlorenen en onbereikten, ze worden uitgezonden naar de verlorenen en onbereikten. Wie zendt hen? Is dat alleen iets tussen hen en God? Of tussen hen en God en een zendingsgenootschap? In Noord-Amerika zien we vaak dat ofwel individuen of zendingsorganisaties of beiden worden beschouwd als het fundament van het zendingsproces. Maar het boek Handelingen schetst een ander plaatje.

We blijven bij de overtuiging dat Handelingen niet louter een historische beschrijving is, maar een geschrift geïnspireerd door de Heilige Geest met een voorschrijvende bedoeling: Het is geschreven om ons te onderwijzen en te voorzien van modellen om na te volgen. Handelingen 13:1-4 geeft een duidelijk patroon voor het zendingsproces en de lokale gemeente bevindt zich in het middelpunt:

> „En er waren in Antiochië, in de gemeente aldaar, enkele profeten en leraars, namelijk Barnabas, Simeon, die Niger genoemd werd, Lucius van Cyrene, Manahen, die met Herodes de viervorst opgegroeid was, en Saulus. En terwijl zij de Heere dienden en vastten, zei de Heilige Geest: Zonder voor Mij zowel Barnabas als Saulus af voor het werk waartoe Ik hen geroepen heb. Toen vastten en baden zij, en nadat zij hun de handen opgelegd hadden, lieten zij hen gaan."
>
> „Zij dan, uitgezonden door de Heilige Geest, vertrokken naar Seleucië en voeren vandaar naar Cyprus."

Merk op dat er verbindingslijnen zijn tussen God, de lokale gemeente en hun zendingsteam (zendingswerkers):

5 HOE STUREN WE ZENDINGSWERKERS UIT?

- De aanbidding, het gebed en vasten van de leiders brengt erkenning van Gods vormgegeven missie en Zijn timing.
- De gemeente wijst een team (Saulus en Barnabas) aan dat apart wordt gezet voor de taak.
- Het zendingsteam wordt uitgezonden door God en de gemeente.
- Een proces van bevestiging toonde de eerdere voorbereiding van het team en de gemeente aan.
- Het team werd bevestigd, de opdracht werd gegeven en werd uitgezonden door gebed en handoplegging van de gemeente.
- De gemeente aanvaardde het voorrecht om gekwalificeerde teamleden vrij te stellen, de opdracht te geven en los te laten.
- De zendingswerkers waren geen Lone Rangers. Het partnerschap stond centraal in het proces.

GEMEENTE GERICHTE ZENDING OF PERSOONLIJKE ROEPING?

Als zeer individualistische Noord-Amerikanen voor hun zendingsinspanningen ondersteuning zoeken bij een lokale gemeente, zetten ze vaak hun eigen visie centraal en vragen gemeenten aan boord te komen door te voorzien in middelen. Deze aanpak kan echter kortsluiting veroorzaken in het samenwerkingsproces dat God heeft ontworpen opdat zowel de zendingswerkers als de lokale gemeente er profijt van hebben.

Een recent boek geeft hier een duidelijk voorbeeld van uit de hedendaagse kerkcultuur:

> „Wat is de relatie tussen de 'zendingsroeping' van een individu en de lokale gemeente? Een aantal jaar geleden werd me gevraagd contact te leggen met een jonge man om uit te leggen hoe we in onze gemeente zending bedreven. Hij had een sterke wil om een crossculturele bediening na te streven. Er waren destijds niet veel mensen die

hem adviseerden en hij stond op het punt om een aantal ingrijpende beslissingen met betrekking tot zending te nemen. In ons telefoongesprek vroeg ik hem wat zijn gemeente vond van zijn zeer gedetailleerde plan voor de toekomst, aangezien hij alles al uitgezocht leek te hebben. Hij was verbaasd en bracht me er snel van op de hoogte dat de richting voor zijn toekomst iets was tussen hem en de Heilige Geest. Toen ik het, zij het met respect, met hem oneens was, stelde hij resoluut dat het alleen ging om hem en de Heilige Geest – en niemand anders. Hij legde uit dat hij alleen aan God verantwoording moest afleggen. Het was een typisch Amerikaans antwoord."[59]

Het paradigma dat we zien in Handelingen 13 laat lokaal kerkleiderschap zien dat een roeping herkent en bevestigt en daarna de zendingswerkers laat gaan voor de taak. De Heilige Geest sprak zowel tot het team als het kerkleiderschap om duidelijkheid en eenheid te brengen.

ONZE MISSIE NIET IK ALLEEN

Een belangrijk reden voor een zeer geïndividualiseerde kijk op zending kan onze neiging zijn om, bij het bestuderen van de Bijbel, in de context "jij" te lezen in plaats van "jullie", enkelvoud in plaats van meervoud. Sommige wetenschappers zeggen dat "you" (dat zowel 'jij/u' als 'jullie' betekent) in de Bijbelse canon in tenminste 98% van de gevallen meervoud is. Minstens 4720 verzen (2698 in de Hebreeuwse Bijbel en 2022 in het Griekse Nieuwe Testament) hebben een meervoud "you" dat misschien verloren is gegaan bij de vertaling naar het Engels. We lezen en interpreteren instructies probleemloos alsof ze eerder tot ons persoonlijk zijn gericht dan tot de kerk als gemeenschap. Geen wonder dat er een onjuiste nadruk is op gebrekkig denken over zending of zelfs op ons eigen discipelschap. Het draait allemaal om mij. Wat als antwoorden op Gods roeping en gehoorzamen aan Zijn opdrachten meer iets was dat we samen deden als gemeenschap dan iets dat we als indivi-

5 HOE STUREN WE ZENDINGSWERKERS UIT?

duen verwachten te doen? Zou onze benadering van gaan en uitzenden dan veranderen?

We geloven dat zending bedoeld is om uit te voeren in partnerschap met de lokale geloofsgemeenschap, samenwerken om gelovigen voor te bereiden, te trainen, te toetsen en te bevestigen voor het werk waarvoor God hen geroepen heeft. Onderdeel van dit zendingsproces is het toetsen van een roeping, aangezien de ervaring heeft geleerd dat niet iedereen die uitgezonden wil worden, ook uitgezonden *zou moeten* worden als zendingswerker.

DE LOKALE GEMEENTE ALS MOBILISATOR

De lokale gemeente, als die gehoorzaam en gewillig is, staat centraal en is van levensbelang voor dit proces van mobiliseren, voorbereiden en uitzenden. Als de gemeente daartoe niet bereid is, zullen degenen die bezig zijn met het onderzoeken van een mogelijke zendingsroeping meestal gefrustreerd en ontmoedigd raken. Maar in Handelingen vinden we een bruisende, naar buiten gerichte gemeente, geleid door de Heilige Geest die de kwaliteiten en de roeping bevestigde van een team dat God voor hun ogen had samengebracht en die bereid waren om te luisteren en te handelen. Wat een contrast.

We geloven dat zending bedoeld is om uitgevoerd te worden in partnerschap met de lokale geloofsgemeenschap, samenwerken om gelovigen voor te bereiden, te trainen, te controleren en te bevestigen voor het werk waartoe God hen geroepen heeft.

Hoe belangrijk en centraal zou de lokale gemeente moeten zijn tijdens het mobilisatieproces? In de inleiding op zijn boek *Missions Smart*, vraagt David Frazier wie verantwoordelijk is voor de hiaten in de zendingsvoorbereiding die vaak kunnen resulteren in vermijdbare missionaire uitputting. Zijn het de zendingsgenootschappen met hun expertise op het gebied van training, membercare en leiderschap op het veld? Seminaries en opleidingsinstituten? Lokale zendingsgemeenten? Hij concludeert:

„Als crossculturele werkers bepaalde kwaliteiten nodig hebben om doeltreffend en veerkrachtig te zijn, dan komt de zware verantwoordelijkheid voor ontwikkeling en selectie opnieuw neer op kandidaten en hun zendingsgemeente thuis, niet op organisaties of opleidingscentra."

„ ... Lokale gemeenten en kandidaten moeten serieus kijken naar de huidige statistieken van missionaire uitputting en ervoor oppassen te veronderstellen dat organisaties of opleidingen alles kunnen doen wat nodig is om kandidaten te screenen, counselen en toetsen. Door te zeggen: 'we zijn geen zendingsorganisatie', geven gemeenten dan zendingsorganisaties verantwoordelijkheden waarvoor ze nooit zijn bedoeld of toegerust."[60]

„ ...Samenvattend kan geen theologische school, crosscultureel opleidingsinstituut, opleiding van een zendingsorganisatie, een ideaal team klimaat, of member care groep met voldoende personeel iemand laten floreren en doeltreffend maken als zijn karakter, gaven en vaardigheden niet al gaandeweg ontwikkeld, getoetst en bewezen zijn in een lokale gemeente of lokale internationale gemeenschap."[61]

Wij zijn het eens met Frazier. De thuis- of zendende gemeente en de gemeenschap spelen een belangrijke rol bij het identificeren en bevestigen van zendingswerkers en het streven naar een levensvatbare crossculturele bediening. De samenwerking tussen de kandidaten en de zendende gemeente die beschreven wordt in Handelingen 13:1-4 is kort maar voldoende om ons een accuraat en adequaat gedefinieerd proces te bieden voor een sterke zendingsrelatie.

Christenen zijn geneigd te denken dat Paulus Jezus tegenkwam op de weg naar Damascus en een jaar of twee later werd uitgezonden

5 HOE STUREN WE ZENDINGSWERKERS UIT?

vanuit Antiochië op zijn eerste zendingsreis. In werkelijkheid waren het vele jaren. We vergeten of nemen niet in acht dat er een lange periode van voorbereiding aan vooraf ging. Paulus bracht tijd door in Arabië, Damascus, Jeruzalem, Syrië en Cilicië voordat hij jaren later opnieuw Jeruzalem bezocht. Handelingen 11:25-26 zegt:

„En Barnabas vertrok naar Tarsus om Saulus te zoeken; en toen hij hem gevonden had, bracht hij hem naar Antiochië. En het gebeurde dat zij een heel jaar met de gemeente samenkwamen en een grote menigte onderwezen en dat de discipelen voor het eerst in Antiochië christenen genoemd werden."

Antiochië zou de zendende gemeente worden voor alle drie zendings-reizen van Paulus, te beginnen met de reis vastgelegd in Handelingen 13:1-4. Deze gemeente erkende en kende de visie van dit team. Dus het was geen verrassing toen de Heilige Geest zei: „Zonder voor Mij zowel Barnabas als Saulus af voor het werk waartoe Ik hen geroepen heb." De bediening van een zendingswerker vloeit voort uit een geloofsgemeenschap met een overtuigende visie, een gemeenschap waar men Paulus en Barnabas *kende*.

GEZOND PARTNERSCHAP TUSSEN GEMEENTEN EN BEDIENINGEN

In zijn boek *A Biblical Theology of Missions*, wijst George Peters erop dat zendingsgeschiedenis vaak is geschreven om het accent te leggen op grote persoonlijkheden en zendingsgenootschappen. Slechts in uitzonderlijke gevallen vertelt de zendingsgeschiedenis het verhaal van de gemeente. Als gevolg daarvan zien velen zending eerder als de verantwoordelijkheid van individuen dan als het mandaat van de kerk. Hij sluit zijn observaties af met een stevige waarschuwing dat deze misvatting heeft gezorgd voor 'autonome, kerken zonder zending aan de ene kant en autonome kerkloze zendingsorganisaties aan de andere kant'.[62]

Dus welke rol speelt ieder in het bevorderen van de heerlijkheid van God onder de volken? Pastor Steve Beirns spelt het duidelijk uit in *Well Sent:*

„De gemeente moet de zender van zendingswerkers zijn en de organisatie is de facilitator. De gemeente heeft de meeste (maar niet alle) middelen en de organisatie heeft de meeste (maar niet alle) expertise. Het is zinvol om deze partijen samen te brengen om te komen tot een productieve bediening. Het is belangrijk om te weten dat 'een solo-optreden' vaak resulteert in een inspanningsverdubbeling en een gebrek aan expertise."

„Als men probeert de gemeente en de organisatie samen te brengen, is het belangrijk om hun beoogde rollen te begrijpen. Een ontoereikende visie op de plaats van de gemeente bij zending zal haar gevoel van betrokkenheid verminderen met als gevolg een niet volledig wederzijds partnerschap met de zendingsorganisatie."[63]

Gezonde partnerschappen tussen gemeenten en zendingsorganisaties kunnen over een lange periode de uitvoering van de Grote Opdracht ondersteunen. Gemeenten die proberen te functioneren zonder partnerschap worden vaak beïnvloed door wat ze zien als onhandige en omslachtige processen van organisaties. Organisaties moeten ook hun ogen openen voor de realiteit dat hun structuren meer gedecentraliseerd en flexibel moeten zijn om een plaats te bieden aan gemeente die meer eigenaarschap en betrokkenheid zoeken bij het uitzendproces.

Wij raden gemeenten en zendingsorganisaties aan een partnerschapsrelatie in wederzijds vertrouwen aan te gaan, gebaseerd op overeenstemming op de volgende gebieden:
- Visie, kernwaarden en bedieningsparadigma's: Waar liggen we op één lijn en waar verschillen we?

5 HOE STUREN WE ZENDINGSWERKERS UIT?

- Verwachtingen en verantwoordelijkheden: Wie doet wat en wanneer? Wie heeft de beste mogelijkheden, bekwaamheid en expertise op de tijdlijn van een zendingswerker van bevestiging tot de dienst op het veld?
- Communicatie: Hoe zal communicatie regelmatig en duidelijk worden gebruikt en welke middelen zullen worden toegepast?
- Member care: Hoe zullen beide partijen betrokken zijn om werkers de beste zorg te bieden?
- Risicomanagement: Hoe zal worden omgegaan met crises en welke protocollen zijn er om te zorgen voor de werkers?
- Financiën en fondsen: Wat zijn de kosten voor plaatsing, veldondersteuning en financiële ondersteuning voor de werkers?
- Verantwoording: Hoe zullen de gemeente, zendingswerker en organisatie zorg dragen voor een gezonde en wederzijdse aansprakelijkheid?

Als lokale gemeenten, ongeacht de grootte of capaciteit, een doelbewuste discipelschapsvisie omarmen die de bevestiging en bekrachtiging stimuleert van hen die door de Heilige Geest worden geroepen om te worden uitgezonden, terwijl ze samenwerken met betrouwbare partners om die visie te faciliteren, kunnen zowel de organisaties als de gemeenten de vreugde ontdekken van het maken van discipelen onder alle volken en ervaren wat het betekent 'gezegend om een zegen te zijn'.

6 WAT MAAKT HET UIT?

door Matthew Ellison

Het gevaar bestaat dat met de discussie over 'missionair zijn' en 'elke christen is een zendingswerker', het bereiken van alle volken door de onbereikten prioriteit te geven vertroebeld wordt. – David Mathis

Hierna zag ik en zie, een grote menigte, die niemand tellen kon, uit alle naties, stammen, volken en talen... - Openbaring 7:9

OVERWEGEN WAT ER OP HET SPEL STAAT

In 2015 waren Denny en ik deel van de start van *The Mission Table*, een interactieve online zendingsconversatie. Simpelweg een internetsymposium waar toonaangevende denkers en zendingsmensen uit de praktijk een aantal van de meest kritische en controversiële onderwerpen zouden behandelen met betrekking tot wereldwijde evangelisatie vandaag de dag.

We hadden al een aantal jaar gesproken over de redenen waarom gemeenten het niet goed deden op het gebied van zending en we voelden dat een van de belangrijkste redenen was dat gemeenten niet goed nadenken over zending. De slogan van *The Mission Table* 'Moving Conversations' is dubbelzinnig: het doel is het gesprek over zending naar een hoger plan te helpen brengen. We hopen dat deze gesprekken Gods volk zullen bewegen om Bijbels en kritisch na te denken over zending.

WANNEER ALLES ZENDING IS

Je zou kunnen zeggen dat *The Mission Table* gebrekkig denken over zending in haar vizier heeft. De openingsaflevering 'Iedereen is een zendingswerker' maakte de weg vrij op de volgende manier:

„Zending heeft altijd bestaan uit internationale of cross-culturele bediening ten behoeve van geestelijke doelen. Maar vandaag de dag omvat zending in veel gemeenten ook bedieningen die zich uitstrekken naar onze eigen gemeenschap en cultuur en die vaak sociaal of economisch van aard zijn. Deze meer uitgebreide definitie van zending heeft onvermijdelijk geleid tot een filosofie die zegt dat elke volgeling van Christus een zendingswerker is."

„In deze aflevering van *The Mission Table* zullen we de consequenties van deze filosofie onderzoeken. Is het Bijbels? Is het zinvol? Leidt het ertoe dat er meer of minder zendingswerk wordt verricht?"[64]

Ik stuurde een link van deze aflevering naar een van mijn goede vrienden die al meer dan 20 jaar betrokken is bij zending. Toen ik hem vroeg wat hij ervan vond, legde hij uit dat hij halverwege was gestopt met kijken, omdat hij concludeerde dat het gesprek, hoewel stevig, alleen maar een spel met woorden was. Ik begreep uit zijn antwoord dat hij bedoelde dat ons gesprek niet fundamenteel was. Hij dacht dat we een beetje doorsloegen bij het praten over de betekenis van *zending* en *missionair* en dat de implicaties van een dergelijk gesprek in de echte wereld van weinig betekenis waren.

Ik was het volledig met hem oneens. Ik geloof dat onze opvattingen over *zending* en het daaruit voortvloeiende *missionair* fundamentele zaken zijn die ongelofelijk belangrijke consequenties hebben voor het leven en de eeuwigheid.

6 WAT MAAKT HET UIT?

Dus wat is het probleem als we elk goed evangelisch of altruïstisch werk zending noemen? Moet ons werk omwille van het evangelie crosscultureel zijn om aangemerkt te worden als zending? En wat kan het voor kwaad als we elke volgeling van Christus een zendingswerker noemen? In dit hoofdstuk zullen we een aantal verontrustende voorbeelden onderzoeken van wat het resultaat kan zijn vanuit het denken van vandaag de dag over wat iets tot zending maakt.

HUURLINGEN IN DE ZENDING

Toen de grootste en meest prominente inheemse zendingsorganisatie, Gospel for Asia, verwikkeld raakte in een financieel schandaal[65] vroegen gemeenteleiders me wat er was gebeurd. Wat was er verkeerd gegaan? Zouden we deze bediening nog wel moeten ondersteunen? Het viel me op dat mensen het debacle vrij snel toeschreven aan corruptie of 'zonde'. Hoewel dat absoluut een deel van het probleem was, geloof ik dat een van de belangrijkste factoren feitelijk een gebrekkige missiologie was. Missionair denken van een bedenkelijk niveau leidde tot problematische resultaten.

Onthoud, reflecterend op een eerder hoofdstuk, dat hoewel het woord *zending* niet voorkomt in de Bijbel er wel een beschrijving van de rol in staat. De term *missionair* is nauw verwant aan *apostel* en een apostel is iemand die uitgezonden is.

Denk hier eens even over na. Is het zelfs mogelijk dat iemand een 'native' zendingswerker is als 'native' betekent dat iemand inheems of lokaal is?

Laat het duidelijk zijn dat we ten volle de waarde ondersteunen van inheemse bedieningen die Jezus eren en ernaar streven de gemeente uit te breiden binnen de eigen cultuur. Als we ze echter inheemse zendingswerkers noemen en geloven dat ze culturele grenzen overschrijden met het evangelie zouden we het wel eens mis kunnen hebben. En, als we denken dat het investeren van een paar euro per maand om een nationale christen te ondersteunen, betekent dat we het beste doen wat we kunnen voor de Grote Opdracht, zouden we misschien wat beter moeten kijken. Onder de vele halve waarheden die de gemeente hebben misleid, bevindt zich de mythe van de 'Amerikaanse zendingswerker van $40.000-per-jaar'. Een bewering die zegt dat het vaak dertig of veertig keer meer kost om een westerse zendingswerker te ondersteunen dan een inheemse zendingswerker die hetzelfde werk doet.[66] Dit argument werd gebruikt om donors over te halen inheemse zendingswerkers te steunen omdat ze meer kostenefficiënt zouden zijn.

Bob Finley van Christian Aid Mission deed een soortgelijke oproep, maar ging nog een stapje verder door te beargumenteren dat er helemaal geen Bijbelse aanleiding is om buitenlandse crossculturele zendingswerkers uit te sturen. Buitenlandse zendingswerkers waren schadelijk, koloniaal en zouden teruggetrokken moeten worden ten gunste van het alleen ondersteunen van inheemse werkers. Finley bepleit zijn financiële zaak op deze manier:

> „Het slaat nergens op om $60.000 dollar van Gods geld te spenderen om jaarlijks een Amerikaan met zijn gezin uit te sturen om als zendingswerker te gaan wonen in een arm land waar honderden lokale inwoners geroepen zijn om hun eigen volk te bereiken zonder persoonlijke ondersteuning. Elk van hen spreekt de lokale talen al en het zou hen tien keer zo effectief maken als de buitenlander. En hij zal waarschijnlijk enthousiast zijn om te dienen met een ondersteuning van $600 of minder per jaar, omdat hij leeft op hetzelfde economische niveau als degenen die

6 WAT MAAKT HET UIT?

bereikt worden met het evangelie. In veel landen kan het ondersteuningspakket van één Amerikaan met gemak voorzien in de ondersteuning en bedieningsbehoeften van 50 inheemse zendingswerkers."[67]

Grote aantallen christenen vonden een nieuwe bestemming voor hun giften en gaven niet langer aan de 'duurdere en minder effectieve' westerse werkers, maar aan de kosteneffectieve inheemse zendingswerkers.

Wat men de donors niet vertelde was dat veel van deze zogenaamde inheemse zendingswerkers helemaal *geen* zendingswerkers of uitgezondenen waren, maar dat ze veeleer lokale werkers waren. Of om preciezer te zijn, waren het lokale voorgangers die gesubsidieerd werden om te werken onder hun eigen (al bereikte) bevolking. In veel gevallen waren inheemse zendingswerkers helemaal niet bezig met het ontginnen van nieuwe grond voor de verspreiding van het evangelie onder de duizenden onbereikte bevolkingsgroepen van India zoals de literatuur suggereerde.

DE SLACHTOFFERS VAN EEN OORLOG BIJ VOLMACHT

Het aantal zendingswerkers dat het Westen uitzendt naar het zendingsveld is al een aantal jaren aan het dalen. De inheemse zendingsbeweging kan hiervan zowel een oorzaak als een gevolg zijn. Onder de vele redenen voor een terugval in westerse zending is simpelweg dat we anderen hebben ingehuurd om een oorlog te vechten waartoe God ons geroepen heeft. We blijven thuis en sturen geld, als rijke mannen die huurlingen inhuren om voor hen te vechten. Begrijp me niet verkeerd. Ik ben helemaal voor internationale partnerschappen, maar niet voor het uitbesteden van zending.

Mijn overleden vriend en mentor Robertson McQuilkin zei altijd: „God roept ons nooit om anderen in onze plaats te sturen. Hij roept ons om te gaan!" Ik ben tot het inzicht gekomen dat als we huurlingen sponsoren om de wereldwijde zaak van onze

Koning vooruit te helpen, we één van de grootste privileges van het volgen van Christus verspelen en dat we zelf tot de slachtoffers behoren. Geen enkele gemeente zou de bemoediging en voeding mogen missen die voortkomt uit het uitzenden van haar beste mensen.

HOE KWAMEN WE HIER TERECHT?

Ik betoog dat se stelling dat elke volgeling van Christus een zendingswerker is, één van de grootste misverstanden is die ons op dit punt hebben gebracht. Gebrekkig denken over zending heeft ons gebracht tot een matige missionaire praktijk. Als iedereen een zendingswerker is dan zijn lokale christenen, die hun eigen gemeenten overzee dienen, zendingswerkers. In feite bent u een inheemse zendeling en ik ben een inheemse zendeling. Elke volgeling van Christus is absoluut een inheemse zendeling.

Zijn nationale christenen die dienen onder hun eigen mensen onontbeerlijk voor Gods koninkrijksdoelen? Absoluut. Een essentiële component die nodig is om de slopende, duisternis doordringende taak van het maken van discipelen van alle volken volgens Gods plan te volbrengen, zijn zendingswerkers: uitgezondenen. Of zoals nu gezegd wordt: 'uit alle volken naar alle volken'. We zouden niet het ene moeten omarmen en het andere links laten liggen. Vertrouwen op alleen lokale getuigen om de volken te bereiken is eigenlijk zending bij volmacht.

MISSIONAIRE MALVERSATIES

Op ongeveer dezelfde manier heeft onze plaatselijke outreach en de manier waarop we erover denken soms een remmend effect gehad op onze bereidheid om zendingswerkers uit te sturen. In het boek *Finish the Mission* beschrijft Desiring God redacteur David Mathis zowel de belofte als het potentiële gevaar van de 'missional' beweging en hoe ze ontstond.

„Degenen met het meeste inzicht die de term gebruiken, erkennen dat het Westen met rasse schreden post-christe-

6 WAT MAAKT HET UIT?

lijk wordt en die verschuiving roept belangrijke vragen op over wat het betekent om inwendige zending te bedrijven. Europa en Noord-Amerika zijn steeds meer een zendingsveld geworden, maar dan eerder een post-christelijk dan een pre-christelijk veld. Aangezien de term *evangelisatie* voor sommigen bagage is (en bekrompenheid) uit de tijd van het christendom, toen het algemene Bijbelse wereldbeeld wijdverspreid was in de maatschappij, zodat straatevangelisatie en stadion rally's meer aantrekkingskracht hadden en meer echte bekeerlingen voortbrachten, met zich meedroeg, betekent de opkomst van de term *missionair* (in zekere zin in de plaats van evangelisatie) dat de tijden in belangrijke mate veranderen en roepen om een nieuwe missionaire bediening en evangelisch holisme. Dit frisse denken is een goede ontwikkeling, maar het brengt een gevaar met zich mee."

„Het gevaar bestaat dat met de discussie over *missionair* zijn en *elke christen is een zendingswerker*, het bereiken van alle volken door het prioriteit geven aan de onbereikten vertroebeld wordt... Het Bijbelse thema is niet alleen dat God zoveel mogelijk mensen bereikt, maar alle volken. Het is Zijn bedoeling om aanbidders van Zijn Zoon te maken uit elke stam, taal en volk. De drang om zendingsgericht te zijn, omvat iets heel belangrijks in het hart van God, maar het is gevaarlijk als het ten koste gaat van iets anders dat essentieel is in het hart van God: het bereiken van de volken, niet alleen hen die onze taal en cultuur delen."[68]

Mathis wijst erop dat een zendingsfilosofie die alles zending noemt en elke christen een zendingswerker de Bijbelse prioriteit van het bereiken van de onbereikten vertroebelt.

LAAT ME HET GELD ZIEN

De nu opgeheven Mars Hill megakerk in Seattle was niet alleen een toonaangevende gemeente binnen de zendingsbeweging, ze was eigenlijk pionier en voorvechter van de moderne benadering van de missionaire bediening. Hoewel ze crossculturele zending ondersteunden, omarmden ze een zendingsfilosofie die met opzet de verschillen tussen evangelisatie en zending afzwakten. Het mag dan ook geen verrassing zijn dat miljoenen dollars aan donaties die aangevraagd waren voor wereldwijde internationale zending voor het grootste deel in de thuisgemeente bleven.

Voormalige gemeenteleden spanden een rechtszaak aan met de klacht dat zij en duizenden anderen die hun tienden gaven in Mars Hill vermoedelijk waren bedrogen door ex-voorganger Mark Driscoll en general manager en leidinggevende ouderling John Sutton Turner. Ze beweren dat het leiderschap van Mars Hill donaties vroeg voor het ene doel en ze gebruikte voor een ander doel:

> „In het geding zijn miljoenen gedoneerd door gemeenteleden die te horen kregen dat de collectes naar zendingsprojecten in Ethiopië en India gingen via het 'Global Fund' van de gemeente. In werkelijkheid lijkt het erop dat deze tienden gewoon thuis bleven. Om de gunst van nieuwe donors te winnen, zeggen de klagers, misleidde Driscoll doelbewust potentiële donors door het Global Fund in de markt te zetten als een fonds voor internationale zending, terwijl ze in werkelijkheid van plan waren om het grootste deel van de donaties te gebruiken voor binnenlandse uitbreiding van MHC."[69]

De klacht refereerde aan een intern memo, waarin Mars Hill vermoedelijk de voordelen schetst van het Global Fund, waarvan een percentage bestemd zou worden voor 'duidelijk zichtbare en goed verkoopbare projecten'. Volgens de klager stelt de memo dat:

> „Behalve de overduidelijke winst door de stijging van de financiën, tegen relatief lage kosten (ongeveer $10.000/ maand), zou het ondersteunen van een paar zendingswer-

6 WAT MAAKT HET UIT?

kers en liefdadigheidsprojecten kunnen dienen om de kritiek te weerleggen, goodwill te kweken en kansen te creëren om andere bedieningen te beïnvloeden en ervan te leren.'"[70]
"Gemeenteleiders hebben zich voorheen al verontschuldigd voor de 'verwarring' over het Global Fund, een fonds dat in 2014 in een zelf geschreven rapport meldde dat het meer dan $300.000 per maand binnenhaalde, in totaal ongeveer $10 miljoen, volgens de klager. Tegen de tijd dat de beschuldigingen over de fondsen aan de oppervlakte kwamen, zeiden de leiders dat het nooit de bedoeling was geweest de volgelingen van de gemeente te misleiden over waar het geld heen ging."[71]
Natuurlijk is het onethisch om donaties te vragen voor het ene doel en ze dan te gebruiken voor een ander doel, maar als een gemeente een zendingsdefinitie heeft die alles wat ze doen als een uitbreiding van het zendingsdoel beschouwt, kunnen zendingsdonaties dan niet legitiem worden gebruikt voor van alles en nog wat? Als u deel uitmaakt van een gemeente waarin iedereen een zendingswerker en alles zending is, zou u weleens weinig grond kunnen hebben om te protesteren. Als het allemaal om zending draait en iedereen een zendingswerker is, wat is dan het bezwaar?

ZENDING GEMARGINALISEERD

Een van de argumenten die we hebben gehoord en die ondersteunt dat iedereen een zendingswerker is, is het idee dat dat de rol en bijdrage van elke gelovige op een hoger plan zal brengen en leidt tot een groter aantal mensen en middelen die gemobiliseerd worden voor Gods doelen. Maar is het waar? Ik stel dat als we alles vermengen het het tegenovergestelde effect heeft. Nogmaals, 'wat de taak van iedereen is, is de taak van niemand'. De Chinezen hebben een spreekwoord dat wanneer twee mannen een paard bezitten, het zal verhongeren en wanneer twee mannen een boot bezitten hij zal lekken. Het vervagen van zendings-verantwoordelijkheden en alles tot zending maken leidt niet tot het centraliseren van de prioriteit om het evangelie naar alle volken te brengen, integendeel, het marginaliseert het.

STUDIEBEURZEN ALS ZENDING

Ik werkte eens samen met een gemeente die voorafgaand aan het zendingscoachingsproces een definitie van zending had die alles omvatte, en dan bedoel ik ook echt alles. Hun zendingsbudget dekte onder andere studiebeurzen voor studenten die naar een universiteit van hun denominatie gingen. Natuurlijk is het geweldig als een gemeente jonge mannen en vrouwen oproept en wil helpen om hen te trainen voor een bediening. Maar stelt u zich de problemen eens voor als we dat zending noemen en het halen uit het zendingsbudget. Hoe gemakkelijk zouden we de prioriteit dan leggen bij het financieren van de opleiding van de tieners in de gemeente in plaats van bij noden die ver weg lijken te zijn en minder lonend?

Deze gemeente heeft nu een zendingsdefinitie die scheiding maakt tussen wat ze een *binnenlandse bediening* noemen en *crossculturele zending*. Aansluitend hebben ze hun betrokkenheid verdiept, zowel lokaal als wereldwijd. Hun zendingsvoorganger zei tijdens deze overgang:

> „Ik begrijp nu dat zending hoofdzakelijk het werk is van het vestigen van de gemeente in een crossculturele setting waar geen gemeente is of de gemeente niet sterk genoeg is om zichzelf te vermenigvuldigen, en dat de bediening het werk is om de gemeente te laten groeien en te versterken daar waar die al bestaat. Beiden zijn cruciaal en ik bagatelliseer geen van beide, maar ze zijn niet hetzelfde. Als we alles tot zending maken, doen we ons werk niet goed. Deze ontdekking heeft de manier veranderd waarop onze gemeente zich bezighoudt met zending en de bediening."

KINDERWERK ALS ZENDING

6 WAT MAAKT HET UIT?

Een van mijn goede vrienden die een paar jaar geleden voor zijn bediening rondreisde in Portland in Oregon, had wat tijd over en bezocht een gemeente in de stad. Wat hij in die gemeente meemaakte, is een goed voorbeeld van het serieuze gevaar om alles zending noemen.

De gemeente bevond zich in het proces waarin een focus op onbereikte bevolkingsgroepen werd ontwikkeld en een aanplakbord liet zien dat ze blij waren met die ontwikkelende focus. Tijdens de afkondigingen stond de voorganger van het kinderwerk op en zei: „Hoeveel van jullie zouden een korte termijn zendingsreis willen maken? Laat me jullie handen zien!"

Hij gaf tijd om te reageren en zei: „We gaan het aanbod nog wat mooier maken. Jullie zullen gaan werken onder een onbereikte bevolkingsgroep en jullie hebben niet eens een paspoort nodig! Plus, de gemeente gaat betalen voor *al* jullie uitgaven tijdens de reis!" Beter dan dit wordt het niet. Dus, waar is die onbereikte bevolkingsgroep?

Laten we er tegen elke prijs een prioriteit van maken om onze eigen kinderen te discipelen. Als we dit echter beschouwen als ons aandeel in het discipelen van de volken, zullen veel van de kinderen op deze wereld buiten de boot vallen.

„Ze zijn hier, in onze kelder! We hebben uw hulp nodig bij het kinderwerk. Sluit u bij ons aan en bereik deze onbereikte bevolkingsgroep. Kom naar me toe en ik kan u meer informatie geven."

Kinderwerk is belangrijk werk. Feitelijk zou het wel eens het belangrijkste werk kunnen zijn dat plaatsvindt binnen een lokale gemeente. Jezus had een speciaal plekje in Zijn hart voor kinderen en dat zouden wij ook moeten hebben. Maar mogen we de kinderen in een evangelische gemeente in de VS 'onbereikt' noemen? Veel van deze kinderen hebben christelijke ouders en zelfs de kinderen die dat niet hebben, hebben nog steeds de kans het evangelie te horen. Vergelijk dit met echt onbereikte kinderen onder echt onbereikte volken zonder initiatieven voor kinderwerk in Jezus' naam, juist omdat er geen getuigende evangelische gemeenten zijn.

Een onbereikt persoon is niet iemand in onze gemeente die Christus niet volgt. Een onbereikt persoon is zelfs niet een buurman die Christus niet volgt en het evangelie nog nooit duidelijk heeft gehoord (maar dat wel had gekund als hij alleen maar de straat was overgestoken). Een onbereikt persoon is iemand die geen toegang tot het evangelie heeft en die het niet zou kunnen horen ook al zou hij het willen.

Laten we er absoluut een prioriteit van maken om onze eigen kinderen tot discipelen te maken. Als we dit echter beschouwen als ons aandeel in het maken van discipelen van de volken, zullen veel van de kinderen op deze wereld buiten de boot vallen.

CHRISTELIJKE RADIO IN DE VS ALS ZENDING

Een gemeente waarmee ik een aantal jaar geleden werkte, vierde het hoge percentage van hun totale budget dat aan zending werd gegeven. Het leeuwendeel daarvan ging naar het financieren van een christelijke radiobediening in de VS. Na het verduidelijken van een Bijbelse definitie van zending, concludeerden ze terecht dat het percentage dat ze in werkelijkheid aan zending gaven veel en veel kleiner was dan ze aanvankelijk hadden gedacht. Toen ze zich dat realiseerden, gingen ze door met het ondersteunen van christelijke radio, maar begonnen ze ook meer te geven om het evangelie crosscultureel te verspreiden.

Ik zie het als aanzienlijk oprekken van de zendingsdefinitie om het financieren van christelijke radio in de VS te beschouwen als een deel van het wereldwijde zendingsbudget van de gemeente. Op geen enkele wijze val ik christelijke radio aan. Ik heb vaak geprofiteerd van christelijke radio en dit medium ondersteund. Maar mijns inziens is het een fout om het zelfs maar te beschouwen als

6 WAT MAAKT HET UIT?

binnenlandse evangelisatie en outreach. Hoewel ik mij realiseer dat er geregeld ongelovigen afstemmen en het evangelie horen, laten we eerlijk zijn: christelijke radio wordt meestal beluisterd door christenen. Laten we ons zendingsgeld niet uitgeven aan dat wat in hoofdzaak ten dienste is aan onszelf.

DE CIJFERS SPREKEN VOOR ZICH

Bent u nog steeds niet overtuigd dat het een fundamentele en geen semantische kwestie is om iedere christen een zendingswerker te noemen en elke outreach *zending*? Het heeft enorme consequenties voor diegenen met de minste toegang tot het evangelie. Denk eens na over deze cijfers uit 2009 over de verspreiding van zendingswerkers in verhouding tot de wereldbevolking. Ze zijn hoofdzakelijk afkomstig uit de World Christian Database en het Joshua Project:[72]

- Percentage zendingswerkers dat werkt onder *bereikte* volken (4 miljard personen): 90,4%
- Christenen: bediend door 73,1% van de zendingswerkers
- Etnisch religieus: bediend door 7,1% van de zendingswerkers
- Niet-religieus: bediend door 3,4% van de zendingswerkers
- Moslims: bediend door 3% van de zendingswerkers
- Boeddhisten: bediend door 1,5% van de zendingswerkers
- Hindoes: bediend door 1,3% van de zendingswerkers
- Overigen: bediend door 1% van de zendingswerkers

Dit betekent dat slechts 9,6%, nog niet eens 10%, van onze zendingswerkers werkt onder de onbereikten (die de metingen van deze bronnen schatten op 2,7 miljard mensen):

- Onbereikte Hindoes: bediend door 6% van de zendingswerkers
- Onbereikte etnisch religieuzen (hoofdzakelijk animistische of stammenvolken): bediend door 3,8% van de zendingswerkers

WANNEER ALLES ZENDING IS

- Onbereikte Moslims: bediend door 3% van de zendingswerkers
- Onbereikte niet-religieuze volken: bediend door 6% van de zendelingen
- Andere onbereikte volken: bediend door 2% van de zendelingen

Dezelfde bron verklaart dat 99,5% van de uitgaven van de kerk gericht zijn op de bereikten, terwijl 0,5% is gericht op de onbereikten.

Als we iedere christen een zendingswerker noemen, bedoeld om de verspreiding van het evangelie op een hoger plan te brengen, waarom zijn er dan verhoudingsgewijs zo weinig mensen die werken onder volken en plaatsen met weinig of geen getuigende gemeenten? Waarom spendeert de gemeente het overgrote deel van haar middelen en energie daar waar het evangelie al verkondigd is en gemeenten stevig gegrondvest zijn, terwijl zij die weinig of geen toegang tot het evangelie hebben nog steeds in geestelijk duisternis verkeren? Zou het kunnen zijn dat een brede zendingsdefinitie onze wereldwijde taak minder duidelijk maakt, niet meer? Is het mogelijk dat wanneer we een lokale bediening en wereldwijde zending onderbrengen in één categorie, we vaker wel dan niet wereldwijde zending verwaarlozen?

Laten we ons zendingsgeld niet besteden aan wat hoofdzakelijk onszelf dient.

EEUWIGHEIDSCONSEQUENTIES

Als elke christen een zendingswerker is en het bereiken van volken met dezelfde taal en cultuur als die van ons inderdaad zending is, dan heeft het overschrijden van culturen om het evangelie te delen vanzelfsprekend een lage prioriteit. Feitelijk zou, als alles zending is, het doel van de Grote Opdracht weleens niet kunnen zijn om gestaag vooruitgang te boeken bij het bereiken van meer volken, stammen en talen, maar om zo veel mogelijk mensen te winnen

6 WAT MAAKT HET UIT?

voor Jezus. Dit zou kunnen verklaren waarom het overgrote deel van de middelen van de gemeente dicht bij huis wordt gespendeerd en niet aan de verspreiding van het evangelie over nieuwe grenzen. Als het doel van de Grote Opdracht vooral is om zo veel mogelijk mensen te winnen voor Christus, dan zouden we de plaatsen moeten vaststellen waar de meeste geestelijke wedergeboorten plaatsvinden en daar helemaal voor gaan.

Ik ga nog een stapje verder. Als alle bedieningen gelijk zijn en het doel is om het grootst mogelijke aantal zielen te winnen, waarom zou een gemeente of zendingsgenootschap dan nog de onbereikten proberen te bereiken? Tenslotte gaat de progressie van het evangelie onder onbereikte volken pijnlijk langzaam. Dat is precies waarom ze onbereikt zijn.

Als 'elke christen een zendingswerker en alles zending is' dan is het enige verschil tussen Orlando in Florida en Osh in Kyrgyzstan de geografie, nietwaar? Als we de bevolkingen vergelijken, zien we dat Orlando veel groter is en waarschijnlijk ook meer verlorenen telt, nietwaar? Natuurlijk, in Orlando zijn honderden evangelische gemeenten, talloze bedieningen en meerdere christelijke radiozenders, terwijl in Osh de aanwezigheid van het evangelie zo zwak is dat de meeste mensen niet over Jezus kunnen horen al zouden ze het willen.

Als het doel van de Grote Opdracht vooral is om zo veel mogelijk mensen te winnen voor Christus, dan zouden we de plaatsen moeten vaststellen waar de meeste geestelijke wedergeboorten plaatsvinden en daar helemaal voor gaan.

Hier komen de eeuwigheidsconsequenties in beeld. Als gemeenten er geen prioriteit van maken om alle volken te bereiken en in plaats daarvan het overgrote deel van hun middelen en energie spenderen daar waar het in potentie in staat is om dicht bij huis het grootste aantallen mensen te bereiken met het evangelie, dan kunnen mensen in die bevolkingsgroepen die afgesneden zijn van het licht van het evangelie het niet horen, in elk geval niet van ons. Als zij verloren gaan in hun zonden zonder Christus, dan staat hen een eeuwigheid te wachten van vreselijke en bewuste pijniging, afgescheiden van God.

Welnu, iedereen die van Jezus houdt, of hij nu denkt dat elke christen een zendeling is of niet, zal zeggen dat dat niet juist is. We zouden de hele wereld moeten bereiken. En ik zou zeggen dat de consequentie van het idee dat we allemaal zendingswerkers zijn één van de sleutelredenen is waarom zoveel gemeenten in het Westen weinig of geen aandacht besteden aan het bereiken van alle volken. Het werk dat zij dicht bij huis doen is immers ook zending.

EEN BEELD VAN DE HEMEL

In Openbaring 7:9-12 worden de gordijnen van tijd en ruimte een beetje teruggeschoven en wordt ons een glimp van de wonderen van de hemel getoond:

> „Daarna zag ik, en zie, een grote schare, die niemand tellen kon, uit alle natiën en geslachten en volken en talen, staande vóór de troon en vóór het Lam, gekleed met witte klederen, en palmtakken in hun handen: en zij riepen met een grote stem, en zeiden: Het heil is bij onze God, die op de troon zit, en het Lam."

> „En alle Engelen stonden rondom de troon en rondom de oudsten en rondom de vier dieren, en vielen vóór de troon neder op hun gezicht, en aanbaden God, zeggende: Amen, lof en heerlijkheid en wijsheid en dank en eer en kracht en sterkte zij onze God van eeuwigheid tot eeuwigheid! Amen."

Hier zien we het Lam van God omringd door de beloning voor Zijn lijden, aanbidders van over de hele wereld, uit elke natie, stam

6 WAT MAAKT HET UIT?

en tong. Dit alleen is het grote einde waar de hele geschiedenis zich naar toe beweegt.

Al Gods kinderen zullen getuige zijn van dit eindeloze feest, maar alleen zij die deel uit hebben gemaakt van het familiebedrijf van discipelen maken van alle volken zullen de vreugde en eer te beurt vallen te weten dat God in Zijn genade door hen heen heeft gewerkt om deze aanbidders in Zijn koninkrijk te brengen.

Als elke christen een zendingswerker is en elke bediening zending dan betoog ik dat we het mandaat om alle volken te bereiken uithollen. Dat heeft vreselijke eeuwige consequenties voor mensen in bevolkingsgroepen zonder toegang tot het evangelie die verloren gaan in hun zonde. Bovendien lopen Gods kinderen de gelegenheid mis om deel uit te maken van de Grote Opdracht. Laten we onze inspanningen om de verlorenen dicht bij huis te bereiken niet afremmen, maar laten we onze ogen ook richten op de volken en onze aandacht laten toenemen voor hen die nog over Christus moeten horen.

Dus wat is het probleem? Is het Bijbels om elke christen een zendingswerker en elk werk gedaan in de naam van Christus een zendingswerk te noemen? Leidt het ertoe dat er meer of minder zendingswerk wordt volbracht? De antwoorden op deze vragen doen ertoe. Ze zijn van belang vanwege significante, serieuze en eeuwige redenen.

7 WAT NU?

door Denny Spitters en Matthew Ellison

GODS WERELDWIJDE DOELEN OMARMEN

Johns tekst begon als volgt: „Voorganger Steve, wat betreft de vergadering van afgelopen avond, als uitvoerend en zendingsvoorganger heb ik enorme tegenstrijdige belangen...."

Zo ging het verder:

> „Ik maak me ernstig zorgen over de vele aannames over wat zending en discipelschap zijn en wat ze zouden moeten zijn in onze gemeente. Zonder dit duidelijker te definiëren, lijken we te ploeteren in een niemandsland van definitiebepaling die fundament mist en gevolgen zal hebben voor wat voor soort gemeente we zullen worden. Wanneer kunnen we hierover praten?"

• • •

Als gemeenten niet goed bezig zijn met zending zou het zo kunnen zijn dat ze niet goed over zending nadenken. Maar wat ze geloven wat de Bijbel leert over zending en het maken van discipelen zal hun uitgangspunt zijn voor de visie, richting en actie. Bijbelse zendingsdefinities kunnen een gigantische invloed hebben op hoe lokale gemeenten discipelen zullen maken van de volken, of dat nadruk op 'de naties' in Jezus' gebod erkend en aanvaard zal worden.

WANNEER ALLES ZENDING IS

Wat zijn een aantal barrières die kerken en hun leiders ervan zouden kunnen weerhouden zichzelf toe te wijden aan een op de Grote Opdracht gericht, opzettelijk, internationaal, discipel makend, gemeente stichtend zendingsparadigma?

Hoewel we ons al hebben gericht op veel van het onduidelijke denken en de misverstanden die vandaag de dag bestaan en hoe dit de lokale gemeente kan beïnvloeden bij zending, zouden we tekort schieten als we een belangrijk en breed geaccepteerd begrip negeren dat sommige zendingsleiders beschrijven als 'sequentialisme'. Deze aanpak komt naar voren in de overtuigingen in gemeenten en de zendingspraktijk gebaseerd op Jezus' laatste woorden in Handelingen 1:8:

> „Maar u zult de kracht van de Heilige Geest ontvangen, Die over u komen zal; en u zult Mijn getuigen zijn, zowel in Jeruzalem als in heel Judea en Samaria en tot aan het uiterste van de aarde."

Bij het lezen van deze verzen volgt vaak de vraag: „Waar is uw Jeruzalem, uw Judea, uw Samaria en uw uiterste van de aarde?" Ik vraag me af of we onze benadering van de Bijbel zo hebben over-geïndividualiseerd dat we het hoofddoel van deze tekst verdoezeld hebben?

Het idee achter sequentialisme is dat Jezus bepaalde hoe de discipelen het evangelie moesten gaan verspreiden te beginnen bij Jeruzalem als hun thuisstad of basis en het dan uit moesten breiden naar Judea en Samaria en dan nog een stapje verder naar het uiterste van de aarde, in concentrische cirkels. Denk aan de kringen die ontstaan als je een steen in een plas water gooit. Velen die zending in dit licht bekijken, wijzen op een paar belangrijke feiten waar we het mee eens zijn:

- Jezus decentraliseerde het evangelie door het weg te halen uit een zuiver joodse context.

7 WAT NU?

- God en Zijn evangelie zijn niet etnocentrisch. Het evangelie is voor alle volken.
- God plaatst een dolk in het hart van racisme. Zijn gemeente zal multicultureel zijn.
- Het evangelie zal een 'domino-effect' hebben als gelovigen vervuld met de Heilige Geest getuigen van het evangelie.
- Jezus versterkt de nadruk op 'alle naties' uit Mattheüs 28, het evangelie is voor de hele wereld.

Het lijkt behoorlijk redelijk deze passage te interpreteren alsof Jezus zegt, 'begin dicht bij huis bij je eigen buren, vrienden en familie als belangrijkste focus en het centrum van je getuigenis'. Maar het is niet helemaal trouw aan de tekst. Als een dergelijke aanpak het onderwijs van de Bijbel over dit thema was, moeten we de woorden *en* vervangen door *daarna* zoals in: „U zult Mijn getuigen zijn, in [uw] Jeruzalem *daarna* in [uw] Judea en Samaria en *daarna* tot aan het uiterste van de aarde."

We horen de leiders in de gemeente vaak een dergelijk model veronderstellen, maar ze zeggen echter: „We zijn op zending hier in onze achtertuin, ons Jeruzalem, en als er meer discipelen zijn en onze gemeente groter is geworden, zullen we naar ons Judea en Samaria gaan en soms zullen we naar het uiterste van de aarde gaan."

We bekennen dat we gewend waren het sequentialisme te geloven en te aanvaarden met al haar pragmatische implicaties. Het leek gewoon logisch. Wees getrouw in de kleine dingen en God zal ons grotere geven, nietwaar? Dit heeft ons ook in onze comfortzone gehouden. Maar wat gebeurt er met Jezus' opdracht als we "en" vervangen door "daarna"?

Missioloog en gemeentestichtingskatalysator David Garrison noemt dit 'de dodelijke zonde' of 'ketterij van sequentialisme'.[73] Hij verzoekt ons de tekstgedeelten eerder te lezen zoals ze geschreven staan, dan als een serie stappen of stadia. Hij beschrijft sequentialisme als het opsplitsen in componenten die echt allemaal tegelijk omarmd zouden moeten worden.

„Je zou taart bijvoorbeeld niet bestanddeel voor bestanddeel moeten eten: bloem, eieren, vanille en dan bakpoeder. Het echte genieten komt als elke component aanwezig is in elke hap. Wereldwijde zending is deel van Gods essentiële recept voor discipelschap, niet iets dat je pas krijgt binnen Christendom 401. Het zou aanwezig moeten zijn in de eerste hap."[74]

Als we greep krijgen op het punt van Garrison zien we dat Jezus een gelijktijdige Jeruzalem-tot-het-uiterste-van-de-aarde opdracht gaf die we uitgespeeld zien in het boek Handelingen en die voorziet in een model voor alle discipelen en gemeenten. De visie voor een bediening voor alle volken moest deel uitmaken van elke inspanning tot discipelschap en het stichten van gemeenten vanaf het allereerste begin.

Bovendien, het kan nuttig zijn om te zien dat Jezus Zijn discipelen niet vertelde om dicht bij huis te beginnen en pas verder te gaan als ze daar klaar waren. De discipelen waren Galileeërs. Jeruzalem was niet hun thuis. Het was een strategisch startpunt voor de volken. Na wat er gebeurd was met Jezus, kunnen de discipelen Jeruzalem weleens als een vijandige leeuwenkuil van opositie en dood hebben gezien. Pas toen de Heilige Geest werd uitgestort kregen ze de kracht om te getuigen onder de volken die daar bijeen waren en ver daarbuiten (Handelingen 2:4-11).

In *Gospel Meditation for Missions* wijst voorganger Chris Anderson erop dat Pinksteren een dag bomvol historisch belang was, de 'verjaardag' van de Nieuwtestamentische gemeente. Het was ook een dag vol van geweldig zendingsbelang. De gemeente die op Pinksteren werd geboren, was onmiskenbaar een multiculturele zendingsgemeente.[75]

7 WAT NU?

- Pinksteren duidde de mobiliteit van de zendingsgemeente aan. Gods aanwezigheid is te vergelijken met de toewijding van Mozes en Salomo tot de tabernakel en de tempel zoals geïllustreerd door de wolk- en vuurkolom die nu als vlammen boven de individuen zweven en die nu deel uitmaken van de gemeente van Jezus Christus. Gods tempel was gefranchised en gemobiliseerd, klaar voor de Grote Opdracht. In plaats van de volken uit te nodigen te 'komen!' naar Jeruzalem, kreeg de nieuwe tempel, de gemeente, de opdracht en werd ze toegerust om te 'gaan!' naar de volken.
- Pinksteren duidde op de oogst van de zendingsgemeente. Het inwijden van Zijn gemeente op een feestdag was een krachtige symboliek met een grote geestelijk oogst die zou komen inclusief de 3000 die tot Christus kwamen en werden gedoopt op die dag.
- Pinksteren duidde op de multi-etniciteit van de zendingsgemeente. Het internationale en multiculturele karakter van de gemeente wordt onmiskenbaar voorafgeschaduwd in Handelingen 2 zoals onderbouwd wordt door de verschillende talen en nationaliteiten. Het christendom was niet cultureel monolithisch en was niet Joods, Hebreeuws, of Grieks georiënteerd. Het was voor alle volken.

EEN KWESTIE VAN MISSIONAIR OP DRIFT ZIJN

Wat voor soort discipelen of gemeenten zullen we worden? Hoe brengen we gehoorzaamheid en geven we prioriteit aan de Grote Opdracht in onze levens en gemeenten?

Onze rechtstreekse waarneming is dat de claim dat 'elke bediening zending is' direct gelinkt is aan hoe de Noord-Amerikaanse evangelische gemeente haar basis en trouw aan het evangelie aan het verliezen is. De boodschap, levensstijl, relevantie en pionierende apostolische kern van het evangelie zijn aan het verdwijnen uit veel van onze gemeenten. 'Missionair op drift zijn' heeft zich

WANNEER ALLES ZENDING IS

vastgezet in de ziel van onze gemeenten aangezien we de essentie en centraliteit van het evangelie hebben losgelaten en vervangen door mensgerichte agenda's.

Dit zien we in de manier waarop veel van onze gemeenten onze middelen gebruiken om onze persoonlijke en collectieve verantwoordelijkheid om onszelf op te offeren en te identificeren met Gods zendingsdoelen elimineren door de zending uit te besteden aan zendingswerkers en nationale leiders. Veel gemeenten neigen erna dit vaak op dezelfde manier te doen wanneer ze ervan uitgaan dat betaalde staf het werk van de gemeente doet.

Aangezien zendingsinspanningen van buiten het Westen volwassen zijn geworden, hebben sommigen al gezegd dat het nu de tijd is om 'het stokje over te geven aan de wereldwijde gemeente van het zuiden en opzij te gaan'. Het stokje overgeven impliceert dat we niet langer aan de wedstrijd deelnemen. Het samenwerken met en het versterken van anderen is een opdracht, vooral van hen die reproducerende gemeenten stichten waar en wanneer dat mogelijk is. Maar onze plannen zullen ineffectief en irrelevant zijn, zelfs in onze eigen omgeving, als we ons loskoppelen van een apostolische, crossculturele bediening die gericht is op het evangelie. De Bijbel heeft duidelijk gemaakt dat wij, als getrouwe dienstknechten en rentmeesters, alles moeten onderhouden en bewaren wat Hij ons gegeven heeft, totdat Hij terugkomt. Dat is normaal discipelschap.

We geloven dat zonder een diepe en goed ontwikkelde toewijding aan de Grote Opdracht, inclusief het maken van discipelen van alle volken (niet alleen dienen in onze eigen gemeenschap), onze gemeenten zullen uitsterven en het Bijbelse evangelie verloren zal gaan. Als alles zending is, verdunnen we de fundamentele, reguliere, dagelijkse verwachtingen die Jezus heeft van een normale levensstijl als discipel.

7 WAT NU?

We twijfelen niet aan de oprechtheid en hartstocht van de vele voorstanders van 'iedereen is een zendingswerker' die evangelisatie en het maken van discipelen willen stimuleren in hun gemeenschappen door te leven vanuit een missionaire levensstijl. We geloven helemaal dat zij medebroeders en -zusters in Christus zijn die willen dat Zijn koninkrijk wordt uitgebreid.

We doen echter een oproep aan de gemeente voor een hernieuwde toewijding met nieuwe energie aan het Bijbelse, apostolische, zendingsmodel en -visie dat de apostel Paulus, Barnabas en Silas aanvuurde en dat de uitbreiding van de gemeente in de afgelopen 2000 jaar vooruit heeft gestuwd. Dat het evangelie diegenen moet bereiken die het nooit hebben gehoord (Romeinen 15:20). Paulus zei dat hij dit had gedaan (Romeinen 15:9) van Jeruzalem tot Illyricum (vandaag de dag Albanië). Rome was de volgende op zijn lijst.

GAAN WAAR CHRISTUS NIET WORDT GENOEMD

Zendingswerker David Hosaflook heeft wat harde woorden voor ons en hij zegt gepassioneerd en profetisch:

> „Paulus leerde ons dat de essentie van zending is te gaan naar plaatsen waar Christus nog niet genoemd wordt (Romeinen 15:20). Ik begrijp niet waarom kerkplanters zo vaak dat kleine woordje 'niet' negeren. De missie is niet de coolste kerk in de stad te planten, maar de enige kerk in de stad. Waarom wordt de biblebelt als doelwit genomen als zo veel plaatsen niet eens een Bijbel hebben? Grofweg 35% van de wereld heeft geen toegang tot het evangelie. Ik heb het niet over mensen in uw buurt die nog nooit een duidelijke presentatie van het evangelie hebben gehoord (maar dat zouden hebben gekund als ze alleen maar de straat waren overgestoken). Ik heb het over de 2,4 miljard mensen die geen christen zouden kunnen vinden al zouden ze het willen. Hoe is dat mogelijk? Hoeveel van onze zendingswerkers nemen hen niet eens als doelwit? Ik

zou tevreden kunnen zijn met een verhoudingsgewijze 35%. Maar begrijp me goed: het is minder dan 5%. Geef een serveerster 5% fooi en ze zal in je soep spugen als je de volgende keer daar komt lunchen. Vijf magere procenten is als een geeuw in het gezicht van de Grote Opdrachtgever, als een schouderophalen over het lot van de verlorenen. Dat komt neer op de onbereikten vertellen dat ze naar de hel kunnen lopen."[76]

Stevige taal! Maar hij gaat verder:

„Vergeef me mijn openhartigheid, maar ik weet niet hoe ik het anders zou moeten verwoorden dat onze passiviteit communiceert. Ons probleem is niet angst, maar een grotere kwestie. Christus is niet ons leven (Filippenzen 1:21). We zijn ingenomen met onszelf. Afgeleid. Apathisch. Niet onder de indruk van de adembenemende eer Bijbelse profetieën te vervullen. Gepassioneerd over alles behalve het oogstveld van onbereikte zielen. Onbereikt, niet omdat ze onbereikbaar zijn, maar omdat wij hebben gekozen hen niet te bereiken."[77]

Net zoals wij vindt u deze beschrijving van de gemeente van vandaag de dag overdreven dramatisch, werkend op het schuldgevoel of misschien nogal hard jegens de gemeente. Als we de waarneming echter tot ons nemen als een noodzakelijke 'por' of 'toetsing van onze toewijding' en voorbijgaan aan onze positieve of negatieve emotionele reactie, heeft de uitdaging aanzienlijke waarde. Zijn we nalatig in het oppakken van de handschoen van de Grote Opdracht? Immers, als er iets is dat we goed willen doen, zou dat dan niet de laatste woorden van de opdracht van onze Heer aan ons als Zijn gemeente moeten zijn?

FUNDAMENTELE STAPPEN RICHTING HET IMPLEMENTEREN VAN ONZE MISSIE

7 WAT NU?

Als we doelbewust kiezen om discipelen te maken van alle volken welke essentiële stappen moeten we dan zetten om te starten of een nieuw begin te maken? Welke actie zullen we als Zijn discipelen, kerkleiders en lokale kerkleden, ondernemen om een apostolisch, discipel-makend, gemeentestichtend paradigma te omarmen dat zendingswerkers identificeert en uitzendt naar hen die niet onbereikt zijn en waar geen getuigenis is? Hoe zou het er voor onze gemeenten uitzien om vrijmoedig, onverschrokken en moedige gemeenten te worden zoals in Antiochië? We bevelen de volgende stappen aan die zullen leiden tot het gezond uitvoeren van de Grote Opdracht en levensstijl.

STAP 1: BEKEREN, HERSTELLEN, TERUGWINNEN

Een leven van berouw moet centraal staan en is van levensbelang voor het uitleven van het evangelie, elke dag dat we leven. Ons hart en verstand moet worden gereinigd en vernieuwd zodat ons begrip van de Grote Opdracht op haar rechtmatige plaats komt te staan. Om goed na te kunnen denken over zending, moeten we de verlichtende wijsheid van Gods Woord aanvaarden als onze gids, andere boeken en onderwijs onderwerpen aan de missiologische leiding van de Bijbel. Als we onszelf onder Zijn plannen, standaarden en principes plaatsen, zal de Heilige Geest ons leiden en versterken om de veranderingen aan te brengen die ons in lijn brengen met Zijn plan voor ons als Zijn lokale en wereldwijde gemeente.

Heeft onze rijkdom en comfort ons gemaakt tot de gemeente in Laodicea (Openbaring 3:15-18), heet noch koud en blind gemaakt voor onze situatie en hoe die veranderd kan worden? Als dat het geval is, bidden we tot God dat Hij ons zal helpen ons te bekeren, te herstellen en terug te winnen wat we aan het verliezen zijn, het adembenemende voorrecht een deel te mogen uitmaken van het vervullen van Bijbelse profetieën.

STAP 2: AANBIDDEN, BIDDEN, VASTEN

De eerste zendingsreis van Paulus werd begonnen vanuit van een gemeente die zich gaf aan aanbidding, vasten en bidden. De Heilige Geest sprak tot hen terwijl ze opgingen in deze activiteiten. We zagen hetzelfde in Handelingen 1:13-14, voorafgaand aan de uitstorting van de Heilige Geest.

We werken vaak samen met gemeenten en leiders die echt willen toebewegen naar en handelen volgens de Grote Opdracht en die klaar zijn om erover te praten. Ze vragen: "Wat zijn de dingen die we nu meteen kunnen doen?" Direct overgaan tot actie is erg Noord-Amerikaans, verweven in onze cultuur met zowel goede als slechte resultaten.

Maar de gemeente in Antiochië werd een katapult voor het evangelie omdat ze zich gaf aan aanbidding, gebed en vasten. Ze ondernam alleen actie onder de leiding van de Heilige Geest. Als we proberen om ergens te snel in te springen, door de modellen van andere gemeenten te kopiëren en dezelfde resultaten te verwachten, laten we de leiding en richting van de Heilige Geest achterwege.

Als gemeenten ons hun frisse ideeën voorleggen, vragen we of hun leiderschap tijd heeft genomen om te aanbidden, te bidden, te vasten en te luisteren naar Gods stem en bevestiging. Zovelen van ons zijn geneigd actie te ondernemen zonder Gods goddelijke leiding te zoeken. Dat leidt meestal tot een valse start. Wat is het nut van een grote zendingsimpuls als die niet van God is en eigendom van de gemeente?

„Zending is niet het ultieme doel van de gemeente. Dat is aanbidding. Zending bestaat omdat aanbidding niet bestaat. Aanbidding is ultiem, zending niet, omdat God ultiem is en niet de mens. Als dit tijdperk voorbij is en ontelbare miljoenen verlosten op hun aangezicht voor de troon van God vallen, zal er geen zending meer zijn. Het is

7 WAT NU?

een tijdelijke noodzakelijkheid. Maar aanbidding blijft voor eeuwig."

„Daarom is aanbidding de brandstof en het doel van zending. Het is het doel van zending omdat we er in zending eenvoudigweg op gericht zijn om de volken te brengen tot de intense vreugde van Gods heerlijkheid. Het doel van zending is dat de volken zich verheugen in de grootheid van God. De HEERE regeert, laat de aarde zich verheugen en vele kustlanden zich verblijden (Psalm 97:1)." [78]

Oswald Chambers, omschreef de centraliteit van gebed en onze afhankelijkheid van Jezus als volgt: „Gebed maakt ons niet geschikt voor het grote werk. Gebed is het grote werk."[79]

We kunnen dit fundament herstellen in onze levens en in onze gemeenten door gewoon aan de Heilige Geest te vragen om ons te leiden.

STAP 3: GEPASSIONEERDE TROUW AAN HET EVANGELIE OMARMEN

Het evangelie is de reden waarom zending zinvol is. Het evangelie stuwt ons voort in een zendingsbediening. We zullen al snel afdwalen en onze zendingsweg kwijtraken zonder een trouwe verbintenis aan het evangelie, zoals Paulus beschreef in Romeinen 1:16-17:

> „Want ik schaam mij niet voor het Evangelie van Christus, want het is een kracht van God tot zaligheid voor ieder die gelooft, eerst voor de Jood, en ook voor de Griek. Want de gerechtigheid van God wordt daarin geopenbaard uit geloof tot geloof, zoals geschreven is: Maar de rechtvaardige zal uit het geloof leven."

Een deugdelijk zendingsparadigma moet vastgemaakt zijn aan de ankerplaats van het ware evangelie. Het 'ga dan heen en maak alle volken mijn discipelen' mag niet veranderd worden in alles wat we ons maar kunnen voorstellen dat het is. Paulus zegt in 1 Korintiërs 15:

> „Verder maak ik u bekend, broeders, het Evangelie, dat ik u verkondigd heb, dat u ook aangenomen hebt, waarin u ook staat, waardoor u ook zalig wordt, als u eraan vasthoudt zoals ik het u verkondigd heb, tenzij dat u tevergeefs geloofd hebt."

Christus alleen moet het centrum van de zendingsboodschap en motivatie zijn. Hoe kan er anders een echte transformatie plaatsvinden? Elke andere prioriteit die wordt ingevoegd boven of op gelijke hoogte met ons hoogste doel, of het nu een diep verlangen om 'gemeenten te stichten' is of een nobele zoektocht om 'vrijheid te brengen aan hen in seksuele slavernij', is een herziening van het evangelie die alle zendingsinspanningen ontkracht. Het doel van het evangelie en de reden voor haar centraal staan moet God bekend te maken onder elke stam, natie, taal en volk zijn.

STAP 4: EEN BIJBELSE DEFINITIE VOOR ZENDING NASTREVEN

Als er één toezegging is die ons genoegen zou doen en waaraan gemeenten en leiders zich aan zouden moeten toewijden dan zou dat liggen op dit vlak: grondig nadenken over zending, Bijbelse richting zoeken en dat nastreven.

We staan er soms verbaasd over hoe gemeenten bijzonder toegewijd zijn aan een nauwkeurige ecclesiologie, soteriologie, christiologie en vele andere theologische en leerstellige thema's, terwijl ze de missiologie en de rol ervan binnen het geloof en het praktiseren daarvan negeren. Ze gooien het te grabbel in onze lokale kerken. De ladder zou weleens tegen de verkeerde muur kunnen staan.

7 WAT NU?

Wat we hebben ontdekt is dat zij die de tijd en moeite nemen die nodig is om de weg te bewandelen door het openen van de Bijbel en daar hun denken door te laten leiden, begrip, richting en visie brengen in hun gemeenten. Als ze zichzelf weer op één lijn brengen met de Bijbel, zullen hun gemeenten en zendingsinspanningen nieuw leven worden ingeblazen.

Sommigen hebben coaching of advies van buitenaf gezocht en ingezet voor dit proces met positieve resultaten om samen met kerkleiders er doorheen te navigeren. Het vergt inspanning en hard werken. Het is niet gemakkelijk, maar het is het waard.

Uiteindelijk zullen onze zendingsdefinities de zendingscultuur van onze gemeenten bepalen. Zonder dit vitale proces, zullen aanpassing en de strategische zendingsvisie stuklopen en mislukken. Zoals het gezegde gaat: 'cultuur eet strategie als ontbijt'. Omdat niet alle wegen naar dezelfde bestemming leiden, zal een niet gespecificeerde zendingsdefinitie een zendingscultuur creëren van 'alles is zending' die zal leiden tot verwarring en een onduidelijke visie.

STAP 5: ONTDEK UW ROL IN DE GROTE OPDRACHT

De Grote Opdracht is een mandaat voor elke discipel van Christus, ongeacht leeftijd of rijpheid, en elke gemeente, ongeacht omvang of locatie wereldwijd. Het is niet optioneel. Elke gelovige moet een missionaire levensstijl hebben omwille van de vervulling ervan. Toch is het onderscheiden van rollen cruciaal en hangt af van gaven, roeping en capaciteiten. Hoe mobiliseren we elke gelovige tot gehoorzaamheid aan onze Opperbevelhebber? Het mobiliseren van werkers voor de oogst omvat vele rollen en er mag er niet één achterwege gelaten worden. We hebben trainers, bemoedigers, gevers, organisatoren, ouderlingen, beheerders, bidders, promotors, schrijvers, zenders, sprekers, opleiders, enz. nodig, inclusief apostolische zendingswerkers.

We moeten de tafels van ons zendingsdenken omkeren zodat zendingswerkers niet langer de professionele sterren op het zendingsspeelveld zijn die we betalen als onze vervangers, terwijl we van een afstand toekijken, ongeïnteresseerd en niet betrokken, hen aanmoedigend voor de overwinning als ze het evangelie naar de eindstreep brengen. Maar het is geen kijksport. Iedereen heeft een rol in de Grote Opdracht.

STAP 6: MAAK DISCIPELEN VAN ALLE VOLKEN

We houden van en ondersteunen volledig de grote nadruk die sommige missionaire bewegingen omarmd hebben om proactief discipelen te maken. Gelovigen zijn belast met de missie om 'discipelen te maken in hun eigen achtertuin', hun wijken, werkplaatsen, scholen, enz. Het doel van evangelisatie is discipelen maken. Elke gelovige is belast met het Bijbelse mandaat discipelen te maken die discipelen maken.

Eenvoudigweg bloeiend waar we geplant zijn en discipelen maken overal waar we gaan is niet het einde van onze opdracht.

We zien dit zo sterk in het leven en onderwijs van Jezus. We hebben ook crossculturele zendingswerkers nodig om degenen te zijn die kunnen discipelen waar ze ook maar gaan. Dat ligt aan de basis van de Grote Opdracht.

Eenvoudigweg bloeiend waar we geplant zijn en die discipelen kunnen maken overal waar we gaan is echter niet het einde van onze opdracht. David Mays wees erop dat velen van ons geneigd zijn Mattheüs 28:18-20 te lezen door de lens van wat hij 'De Grote Verdraaiing' noemt.

„Het onderwerp van 'discipelen maken' is 'alle volken.' Jezus zei niet dat u discipelen maken, of uit uw familie discipelen moet maken, of van wie dan ook die uit de wijk discipelen moet maken, of uit de mensen in uw gemeenschap discipelen moet maken, of van mensen zoals u disci-

7 WAT NU?

pelen moet maken. Hij zei dat u van ALLE VOLKEN discipelen moet maken, dat wil zeggen alle volken, alle etnolinguïstische bevolkingsgroepen. 'Maak discipelen' kan niet gescheiden worden van 'alle volken.' Het is niet eerlijk, niet legitiem, niet Bijbels om de Grote Opdracht te claimen voor uw gemeentedoelen en de volken te negeren. Dat zou hetzelfde zijn als de Bijbel gebruiken zoals een dronkaard een lantaarnpaal, eerder voor steun dan voor verlichting."[80]
Is onze toewijding aan het maken van discipelen verankerd in het algemene doel van discipelen maken van alle volken?

STAP 7: OVERWEEG DE VITALE ROL VAN EEN MOBILISATOR

Mobilisators brengen mensen of middelen bij elkaar en voegen ze samen zodat ze klaar zijn om te dienen. Een zendingsmobilisator is iemand die de ernst en het belang begrijpt van wat er op het spel staat bij de Grote Opdracht en zich een vitale rol heeft toegeëigend bij het uitzenden van werkers. Ralph Winter beschrijft het belang van deze strategische motivators goed:

„Dit is een tragisch feit: Slechts één op de honderd 'missionaire beslissingen' eindigt daadwerkelijk in een loopbaan in zendingsdienst. Waarom? Hoofdzakelijk omdat ouders, vrienden, zelfs voorgangers zelden iemand aanmoedigen om een dergelijke beslissing door te voeren. Maar wat als dat aantal kon verdubbelen naar twee op de honderd? Dan zou het effect explosief zijn!"[81]

Mobilisators zijn degenen die 'de alarmklok luiden' om de gemeente op te roepen naar de volken te gaan:

„Zou het niet veel effectiever zijn om 100 slapende brandweermannen te wekken om te komen en het brandende gebouw te blussen dan er alleen voor te staan terwijl je er emmers water op gooit? Dat zijn degenen die ernaar verlangen in het veld te zijn, maar die achter zijn gebleven om de troepen te verzamelen. Ze vormen zendingsteams in hun gemeenten. Ze zorgen dat mensen bidden, geven en gaan. Ze organiseren korte en lange termijnzendingsteams. Zij zorgen dat boeken en materialen in de handen van de christenen komen."

Phil Parshall, zendingswerker en auteur, beschreef mobilisators als volgt:

„Iemand moet de oproep doen. Zij die ernaar verlangen dat anderen getraind, voorbereid, en vrijgezet worden om te dienen, zijn bekend als mobilisators. Mobilisators sporen andere christenen aan tot een actieve bezorgdheid om de wereld te bereiken. Ze coördineren inspanningen tussen zenders, de lokale gemeenten, zendingsgenootschappen en zendingswerkers in het veld. Mobilisators zijn essentieel. Denk aan de Tweede Wereldoorlog als parallel om de rol van mobilisators te begrijpen. Slechts 10% van de Amerikaanse bevolking ging naar de oorlog. Van hen stond er slechts 1% daadwerkelijk in de vuurlinies. Het hele land moest echter gemobiliseerd worden zodat zij konden slagen!"[82]

Vraagt God u om een zendingsmobilisator te worden? Sommigen van ons houden niet zo van oorlogsmetaforen, maar het gehoorzamen aan de opdracht van Jezus om 'alle volken te discipelen' is essentieel voor de toekomst en de overleving van de Noord-Amerikaanse gemeente. Mobilisators zijn die 'strijdkreet'. We hebben de dienst en de stem van duizenden 'herinneringsambtenaren' nodig die ons zullen bemoedigen, leiden en aanjagen in gehoorzaamheid aan de laatste woorden van onze Heer.

CONCLUSIE

Wat moet u nu gaan doen? Over welk idee moet u nadenken en reflecteren? Is er een gesprek dat u aan moet gaan?

7 WAT NU?

Als de observaties en tegenwerpingen die we in dit boek hebben voorgesteld bij u tot onrust hebben geleid, laat dat u dan aansporen God te zoeken voor antwoorden op uw vragen. Het is ons blijvende verlangen en diepe gebed dat het betwisten van de opvattingen dat 'elke christen een zendingswerker' en 'elke bediening zending' is u zal motiveren om te zijn als de eerzame Bereërs die de Bijbel onderzochten om te zien of de onderwijzingen van Paulus en Silas van een man kwamen of van God (Handelingen 17:11). Laten we niet vergeten dat we een grote wolk van getuigen juichend om ons heen hebben, anticiperend op onze ontdekking van Gods hart voor elke natie, stam en taal. Het is nog niet te laat voor de Noord-Amerikaanse kerk om een nederige, maar nog steeds belangrijke rol te spelen in de Grote Opdracht als we samen deelnemen aan het lied van Openbaring 5:9:

> „U bent het waard om de boekrol te nemen en zijn zegels te openen, want U bent geslacht en hebt ons voor God gekocht met Uw bloed, uit elke stam, taal, volk en natie..."

bijlage a: DOORDENKEN

Wij geloven dat pover zendingsdenken leidt tot een armzalige zendingspraktijk. We geloven ook dat biddend, diep, Bijbels nadenken over zending leidt tot een zendingspraktijk die de Ene behaagt die ons opgedragen heeft discipelen te maken van alle volken. Bovendien zegent dit de wereld de gemeente.

'Weten komt voor doen en vormt doen' is een zin die we verschillende keren hebben gebruikt in het boek en die goed de reden omschrijft waarom we voelden dat het geschreven moest worden. Het was ons doel om spanning op te wekken in de harten en gedachten van lezers zodat ze konden beoordelen of hun zendingspraktijken zijn gevormd naar Bijbelse waarheden en overtuigingen of naar aannames, halve waarheden en zelfs mythen. U bent het misschien niet eens met het standpunt dat we innemen ten opzichte van deze thema's, maar we hopen en bidden dat u bent geprikkeld of zelfs geïrriteerd tot het punt dat u bereid bent de tijd te nemen om Gods standpunt ten opzicht van 'zending' te overwegen. Zijn perspectief is het enige dat ertoe doet.

Sommigen die het originele manuscript van dit boek hebben gecontroleerd hebben voorgesteld af te sluiten met praktisch toepasbare punten, en hoewel er in zichzelf niets verkeerd is aan deze aanpak, voelden we de noodzaak dat hetgeen dat gedaan moet worden, nadenken is. Vergis u niet, het is ook tijd om te 'doen' aangezien zoveel van de wereld nog in geestelijke duisternis verkeert, afgesneden van het licht van Jezus. Maar voor een groot deel van Gods volk zou het 'doen' veel beter gaan door de Ene beter te leren kennen die ons geroepen heeft uit de duisternis in Zijn wonderbaar licht. Door precies te weten wat het is waartoe Hij ons geroepen heeft om te volbrengen toen we werden aangesteld binnen Zijn wereldwijde mandaat. Dus eindigen we door alle deuren te sluiten waar we doorheen zijn gegaan aan het begin van dit boek en de zeven sleutelvragen opnieuw te stellen. Hoe we die beantwoorden is niet onbelangrijk, ze doen ertoe. Het is van levens- en eeuwig belang. Hoe gaat u antwoorden?

VRAGEN OM TE REFLECTEREN
1. Doen onze definities ertoe?
- Hebt u een culturele tendens waargenomen die aarzelt om een objectieve betekenis aan woorden te geven?
- Wat gebeurt er als we ons het recht voorbehouden om Bijbelse termen en theologische concepten te definiëren?
- Wat kan er gebeuren als wij en onze gemeenten overeenstemming bereiken over Bijbelse sleutelconcepten?
- Gelooft u dat Jezus de interpretatie en toepassing van de Grote Opdracht open heeft gelaten, zodat individuele gemeenten die zelf kunnen ontdekken of erover kunnen beslissen?

2. Wat is onze missie?
- Gelooft u dat God een duidelijke missie heeft gegeven aan Zijn kerk? Wat is de missie die God heeft gegeven aan Zijn kerk? Zijn de missie van God en de missie van de kerk hetzelfde? Waarom wel/niet?
- Hoe belangrijk gelooft u dat de Grote Opdracht is bij alles wat de gemeente moet doen en zijn?
- Als u mensen in uw gemeente zou vragen: „Wat is zending?", welke antwoorden zou u dan horen? Denkt u dat er wijdverbreide overeenstemming of grote variëteit zal zijn in hoe ze zending opvatten?
- Hoe zit dat bij gemeente- en zendingsleiders in uw kerk? Delen ze een gezamenlijk begrip van zending en de doelen van uw zendingsinspanningen?
- Hoe zou een enge zendingsdefinitie of een enge zendingsfocus uw kerk helpen of hinderen bij het nastreven van zendingswerk?

bijlage a: DOORDENKEN

3. Waarom zijn we betrokken bij zending?
- Overweeg de Bijbelse claim dat mensen moeten horen van Christus en zich tot Hem keren of eeuwige verdoemenis onder ogen zien. Als dit waar is, zorgt het dan voor een urgentie voor zending in uw gemeente?
- Hoe kan een degelijke zendingsvisie van nut zijn en leven brengen in uw gemeente?
- Hoe motiveert en vormt het ervaren van Gods majesteit, goedheid en genade ons tot missionaire dienst?
- Welke andere factoren zouden ons kunnen motiveren voor zending? Welke zijn het meest duurzaam of zouden de meeste invloed kunnen hebben om onze gemeenten te leiden naar grotere betrokkenheid bij de Grote Opdracht?

4. Is elke christen een zendingswerker?
- Wat is de visie van de gemeente op deze vragen? Hoe beïnvloedt uw leiderschap en de gemeenteopvatting het paradigma van uw zendingsbediening?
- Welke voordelen zouden er kunnen zijn om elke christen een zendingswerker noemen? Welke schade zou het kunnen veroorzaken?
- Wat zijn uw overtuigingen met betrekking tot deze vraag? Gelooft u dat elke christen een zendingswerker is?
- Hoe zou u definiëren wat iemand een zendingswerker maakt?
- Welke Bijbelgedeelten ondersteunen uw conclusie?

5. Hoe sturen zendingswerkers uit?
- Denkt u dat het nuttig is om te kijken naar beschrijvingen in het boek Handelingen voor onze zendingsmodellen, of is Handelingen alleen geschreven om ons te vertellen wat er gebeurde in de vroege kerk?
- Welke rollen kan of zou een gemeente moeten spelen bij het laten opstaan en uitzenden van onze werkers? Wat zijn de verantwoordelijkheden van de lokale gemeente als het

WANNEER ALLES ZENDING IS

aankomt op het bevestigen van een roeping en het toerusten of het zorgen voor zendingswerkers in het veld?
- Wat zijn de gevaren of valkuilen voor zendingswerkers die werken als einzelgängers, onafhankelijk van een lokale gemeente?
- Welke gevaren of valkuilen kunnen er zijn voor gemeenten die zendingswerkers uitsturen zonder nationale partners of zendingsgenootschappen?

6. Wat maakt het uit? Wat staat er op het spel?
- Ziet u de vragen die verkend worden in dit boek als fundamenteel of meer als een kwestie van semantiek?
- Als u deel uitmaakt van een gemeente waar alles zending is en elke christen een zendingswerker, welke resultaten ziet u dan, positief of negatief?
- Dit hoofdstuk onderzoekt een aantal zendingstrends waarvan de auteurs geloven dat ze een betrokkenheid ondermijnen om de Grote Opdracht uit te voeren. Welke daarvan ziet u in uw gemeente? Zijn er nog andere?
- Hoe beïnvloeden uw zendingsdefinities hoe uw kerk geld, aandacht en andere middelen verdeelt?

7. Wat nu? Wat zouden uw volgende stappen kunnen zijn?
- Met wie wilt u praten na het lezen van dit boek en reflecteren op deze vragen? Wat is het belangrijkste gesprek dat u moet voeren?
- Wat is het belangrijkste idee dat u moet overwegen of verder moet onderzoeken?
- Wat is de belangrijkste beslissing die u moet nemen of actie die u moet ondernemen?

bijlage b: AANBEVOLEN BRONNEN

We hebben talloze bronnen aangehaald die de vragen verkennen die in dit boek zijn opgeworpen. Mocht u deze onderwerpen verder willen bestuderen dan vindt u hieronder een aantal van de bronnen die ons het meeste hebben geholpen.

ARTIKELEN

Corwin, Gary, MissionS: Why the "S" Is Still Important, EMQ 53:2 (April 2017), https://emqonline.com/node/3643

DeYoung, Kevin, The Goal of Missions and The Work of Missionaries, The Gospel Coalition, August 27, 2013, https://blogs.thegospelcoalition.org/kevindeyoung/2013/08/27/ goal-missions-work-missionaries

Ferdinando, Keith, Mission: A Problem of Definition, Themelios 33:1 (2008), 46-59, http://s3.amazonaws.com/ tgc-documents/journal-issues/33.1/Themelios_33.1.pdf

Little, Christopher R., The Case for Prioritism, Part 1., Great Commission Research Journal 7:2 (Winter 2016), 139162, http://journals.biola.edu/gcr/volumes/7/issues/2/articles/139

Long, Justin D., Stop Trying to Persuade Everyone to Be a Missionary, JustinLong.org, https://justinlong.org/stop-persuading.php

Mays, David, The Great Distortion, Davidmays.org, http://www.davidmays.org/stories_distortion.html

McKnight, Scot, The Soul of Evangelicalism: What Will Become of Us?, Patheos, February 15, 2017, http://www.patheos.com/blogs/jesuscreed/2017/02/15/soul-evangelicalism-will-become-us

Palpant Dilley, Andrea, The World the Missionaries Made, Christianity Today 58:1 (January-February 2014), http://www.christianitytoday.com/ct/2014/january-february/world-missionaries-made.html

Stetzer, Ed, Involving All of God's People in All of God's Mission, Part 2, Christianity Today June 2010, http://www.christianitytoday.com/edstetzer/2010/june/involving-all-ofgods-people-in-all-of-gods-mission-part-2.html

Traveling Team, The, Goer, Sending Mobilizer, and Welcomer, The Traveling Team, http://www.thetravelingteam.org/articles/goer-sender-mobilizer-and-welcomer

Wilton, Greg, Are We All Missionaries? Redefining the Mission for All Believers, Evangelical Missions Quarterly 49:2 (April 2013), 134-135, https://www.emqonline.com/all_missionaries

Winter, Ralph D, The Two Structures of God's Redemptive Mission, Perspectives on the World Christian Movement, http://frontiermissionfellowship.org/uploads/documents/two-structures.pdf

VIDEO'S

Piper, John, Gospel Worship: Holy Ambition for All the Peoples to Praise Christ, (January 31, 2017, Bethlehem 2017 Conference for Pastors and Church Leaders) Desiring God, http://www.desiringgod.org/messages/gospel-worship

Sixteen:Fifteen, 1615 Rockpoint Church, youtube.com, (April 8, 2014), https://www.youtube.com/watch?v=de5m4DobQsI.

bijlage b: AANBEVOLEN BRONNEN

BOEKEN EN BROCHURES

Anderson, Chris, J.D. Crowley et al., Gospel Meditations for Missions. ChurchWorksMedia, 2011

Beirn, Steve, Well Sent: Reimagining the Church's Missionary Sending Process. CLC Publications, 2015

DeYoung, Kevin and Greg Gilbert, What Is The Mission of The Church? Making Sense of Social Justice, Shalom, and the Great Commission. Wheaton, IL: Crossway, 2011

Greear, J.D., Gaining by Losing: Why the Future Belongs to Churches that Send. Grand Rapids, MI: Zondervan, 2015

Horner, David, When Missions Shapes the Mission: You and Your Church Can Reach the World. Nashville, TN: B&H Publishing Group, 2011

Lewis, Jeff, God's Heart for the Nations. Orlando, FL: BottomLine Media, 2015

Mathis, David, Finish the Mission: Bringing the Gospel to the Unreached and Unengaged. Wheaton, IL: Crossway, 2012. (This book can be downloaded for free from http://www.desiringgod.org/books/finish-the-mission)

Newell, Marvin J., Commissioned: What Jesus Wants You to Know as You Go. Saint Charles, IL: ChurchSmart Resources, 2010

Piper, John, Let the Nations Be Glad: The Supremacy of God in Missions, Third Edition. Grand Rapids, MI: Baker Academic, 2010

SIXTEEN:FIFTEEN: MISSIONSCOACHING
1615.org

Sixteen:Fifteen is in het leven geroepen om lokale gemeenten te helpen hun unieke gaven te ontdekken en te gebruiken in samenwerking met anderen om Christus bekend te maken onder alle volken. Ze helpen gemeenten mobiliseren om centrale spelers te worden binnen de wereldwijde missie van God, om hen vrij te stellen een kanaal van zegen te zijn onder de volken. Als u meer informatie wenst over hoe Sixteen:Fifteen u kan helpen zodat uw gemeente zich kan inzetten om de volken te bereiken, neem dan contact met hen op via info@1615.org.

THE MISSION TABLE: BEWOGEN CONVERSATIES DIE U IN BEWEGING ZETTEN
missiontable.org

The Mission Table is gebaseerd op de overtuiging dat goed doordachte, heldere en stimulerende conversaties een belangrijke stap kunnen zijn voor een doeltreffende, kerktransformerende, wereldveranderende zendingsmobilisatie. Deze online video serie bespreekt de cruciale en controversiële onderwerpen die zending vandaag de dag beïnvloeden. The Mission Table is een hulpmiddel van Sixteen:Fifteen.

PIONEERS: KERKPLANTEN ONDER DE ONBEREIKTEN
pioneers.org

Al meer dan 35 jaar is het de passie van Pioneers om God verheerlijkt te zien onder hen die lichamelijk en geestelijk zijn geïsoleerd van het evangelie van Jezus Christus. Pioneers is een internationale beweging die samenwerkt met lokale gemeenten om teams te mobiliseren kerkplantingsbewegingen te starten onder onbereikte bevolkings-groepen.

MISSIE 1:8: MISSIONSCOACHING OOK IN NEDERLAND
missie1-8.nl

De Nederlandse tegenhanger van Sixteen:Fifteen is Missie 1:8. Een missionscoach levert een op maat gesneden traject, rekening

bijlage b: AANBEVOLEN BRONNEN

houdend met de unieke gaven, talenten en passie van de gemeente. De missionscoach schetst een helder beeld van Gods zendingsopdracht en de door God gegeven rol van de gemeente daarbij. De coach helpt de gemeente een specifieke strategie te ontwikkelen meestal in samenwerking met andere partnerorganisaties. Het ultieme doel is uiteindelijk dat de gemeente gemobiliseerd wordt om onbereikte volken in aanraking te brengen met het evangelie van Jezus Christus.

DANKWOORD

De lijst van namen die je denken beïnvloeden en je helpen bij een project van deze aard zou weleens lang kunnen zijn. Ik zal het kort houden. Aan de meer dan 25 lezers die kritiek en feedback gaven op het oorspronkelijke manuscript: „Broeders en zusters, dank jullie wel."

Oneindige dank en liefde voor mijn vrouw Nancy, die dit project mogelijk maakte door bemoediging, kritisch denken en feedback.

Matthew, mijn co-auteur, ik kan niemand bedenken waarmee ik liever zou samenwerken om een boek te schrijven. Dankjewel voor je vriendschap en liefde voor de missie van God: „We didnah git dressed up fuh nuttin"!

Ted Esler, die zo'n behulpzame zendingsmentor is geweest, die als leider steeds de verhelderende vragen stelde. Dat zijn invloed mag toenemen.

Marti Wade, dankjewel voor het leesbaar maken van dit boek door een combinatie van geduld en geweldige vaardigheden.

Veel dank aan Connie en Kelly, Greg, Mike, Charlie, Scott, Billy, Doug, Carey, Dona en alle huidige en eerdere leden van het Church Partnerships Team. Jullie toewijding en passie om gemeenten betrokken te krijgen bij de Grote Opdracht heeft dit vooruit gestuwd.

Het bedanken van een organisatie lijkt onpersoonlijk, maar gekwalificeerde mensen vragen om een uiting van diepe waardering. Mijn dankbaarheid gaat uit naar iedereen die dient bij

Pioneers. Jullie hebben mijn leven missionair gescherpt en verfijnd: van onze oprichters Ted en Peggy Fletcher, Steve Richardson die 12 jaar daarvoor een geweldige gelegenheid boden, John Fletcher die het mogelijk maakte dat mijn hoeveelheid werk werd aangepast, terwijl hij wees op de gewenste toekomst van krachtige Handelingen 13 kerken, aan Matt Green die na een lang gesprek over dit project me het volledige omslagdesign mailde met een uitdaging: „Alles wat je hoeft te doen is deze omslag te vullen." Deze bladzijden zijn een reflectie van jullie allemaal. Ik dank de Heer voor het voorrecht van onze samenwerking in het evangelie.

— *Denny Spitters*

An Renee, mijn mooie bruid, en mijn geweldige kinderen Matthew, Caleigh, en Landin. Jullie aanwezigheid in mijn leven is het tastbare bewijs van Gods geweldige liefde voor mij. Elke dag die we samen doorbrengen is een geschenk van genade. Ik moet wel de rijkste, meest gezegende man op planeet aarde zijn. Dank jullie wel dat jullie in mij geloven en mij ondersteunen in onze roeping zodat de volken zich verheugen over de glorie van onze grote God en Redder Jezus Christus.

Een speciale dank aan mijn moeder Dorothy, die Jezus meer lief heeft gehad dan iedereen die ik ooit heb gekend en die me herhaaldelijk heeft onderwezen, toen ik tijdens mijn jeugd voor mijn bed neerknielde: „Wij hebben Hem lief, omdat Hij ons eerst liefhad" (1 Johannes 4:19). „Mama, ik zal u weerzien, maar nu nog niet... nu nog niet." Ik wil ook graag Robertson McQuilkin, Virgil Dugan, Chris Abeyta, Saul Altamirano, Vic Jury, Dalton Jantzen, Gil Trusty, Denny Spitters, Tricia Morris en het begenadigde en getalenteerde team van Sixteen:Fifteen bedanken. Jullie vriendschap, bemoediging en invloed hebben mijn hart voor Jezus en mijn visie voor de wereldwijde verspreiding van Zijn heerlijkheid vergroot. Ik kan niet wachten tot we samen in de hemel de eindeloze, steeds toenemende vreugde zullen ervaren Jezus te aanbid-

DANKWOORD

den samen met onnoemelijke aantallen verlosten uit alle volken, stammen en talen.

Ten slotte moet ik Dr. John Piper bedanken wiens boeken en onderwijs door God zijn gebruikt om mijn hart te behoeden en mijn inzicht van wereldzending te vormen.

— *Matthew Ellison*

OVER DE AUTEURS

Denny Spitters, Vicepresident Church Partnerships bij Pioneers USA, heeft gediend in vele kerkleidersrollen als aanbiddings-, zendingsvoorganger en voorganger voor kleine groepen en begrijpt het belang van zending in de lokale gemeente. Als zendingsvoorganger had hij meerdere korte termijn en crossculturele ervaringen. Tijdens zijn kerkelijke bediening diende Denny in de staf van twee megakerken, stuurde een parakerkelijke bediening aan en hielp bij het planten van meerdere kerken. Hij was 15 jaar lang ook ondernemer.

Matthew Ellison, President en Church Missions Coach bij Sixteen: Fifteen, diende negen jaar als zendingsvoorganger in een megakerk en hielp hen veranderen van een reactieve benadering van wereldzending naar een proactieve. In deze tijd realiseerde hij zich dat er een groeiende golf van kerken was die niet langer tevreden was om zending alleen te ondersteunen. In plaats daarvan wensten zij actieve wereldwijde betrokkenheid. Dit leidde tot de oprichting van Sixteen:Fifteen. Sinds 2004 coacht hij kerken in de hele Verenigde Staten en helpt hen een zendingsvisie en -strategie te ontwikkelen die het Bijbelse mandaat nakomt terwijl hij rekening houdt met hun unieke gaven, talenten en passie als een lokaal lichaam van gelovigen.

AANTEKENINGEN

EINDNOTEN

1. Stephen Neill, Creative Tension: The Duff Lectures, 1958 (London: Edinburgh House Press, 1959), 81.

2. Christopher Wright, The Mission of God's People: A Biblical Theology of the Church's Mission (Grand Rapids, MI: Zondervan, 2010), 26.

3. Ed Stetzer, Involving All of God's People in All of God's Mission, Part 2, Christianity Today (June 2010), http://www.christianitytoday.com/edstetzer/2010/june/ involving-all-of-gods-people-in-all-of-gods-missionpart-2.html.

4. David J. Hesselgrave, voorwoord bij Commissioned: What Jesus Wants You to Know as You Go, by Marvin J. Newell (Saint Charles, IL: ChurchSmart Resources, 2010), 12-13.

5. Ibid, 13.

6. Scot McKnight, The Soul of Evangelicalism: What Will Become of Us?, Patheos, February 15, 2017, http://www.patheos.com/blogs/jesuscreed/2017/02/15/soul-evangelicalism-will-become-us.

7. Chris Anderson, J.D. Crowley et al, Gospel Meditations for Missions (ChurchWorksMedia, 2011), Day 1.

8. John Piper, Let the Nations Be Glad: The Supremacy of God in Missions, Third Edition (Grand Rapids, MI: Baker Academic, 2010), 35.

9. Eckhard J. Schnabel, Paul the Missionary: Realities, Strategies, and Methods (Downers Grove, IL: IVP Academic, 2008), 27-28.

10. Gary Corwin, MissionS: Why the "S" Is Still Important, EMQ 53:2 (April 2017), https://emqonline.com/node/3643.

11. Ibid.

12. Marvin J. Newell, Commissioned: What Jesus Wants You to Know as You Go (Saint Charles, IL: ChurchSmart Resources, 2010), 23.

13. Ibid, 28.

14. Ibid, 25.

15. David Bosch, Transforming Mission: Paradigm Shifts in Theology of Mission (Maryknoll, NY: Orbis, 1991), 9.

16. Keith Ferdinando, Mission: A Problem of Definition, Themelios 33:1 (2008), 48, http://s3.amazonaws.com/tgc-documents/journal-issues/33.1/Themelios_33.1.pdf.

17. Ibid, 23.

18. Ibid, 47.

19. Ibid, 22.

20. Ibid, 61.

21. Ibid, 25-26.

22. Christopher Wright, The Mission of God: Unlocking the Bible's Grand Narrative (Downers Grove, IVP Academic, 2006), 416.

23. Ferdinando, Mission: A Problem of Definition, 55.

24. Christopher R. Little, The Case for Prioritism, Part 1, Great Commission Research Journal 7:2 (Winter 2016), 140, http://journals.biola.edu/gcr/volumes/7/issues/2/articles/139.

EINDNOTEN

25. Ibid., 148

26. Ibid., 141

27. Ibid.

28. Jeff Lewis, persoonlijke correspondentie via e-mail met Denny Spitters, April 19, 2015.

29. Piper, Let the Nations Be Glad, 137.

30. JoshuaProject.net schat dat in 2017 6733 of 40,6% van de 16584 bevolkingsgroepen in de wereld onbereikt zijn. Ze definiëren een bevolkingsgroep als de grootste groep waarbinnen een gemeentestichtingsbeweging zich kan verspreiden zonder significante begripsbarrières en acceptatiebarrières, hoewel dit bijna exclusief gemeten is in termen van taal en etniciteit. Onbereikte groepen zijn daar waar niet voldoende volgelingen van Christus en middelen zijn om onder de eigen mensen te evangeliseren.

31. Todd M. Johnson and Gina A. Zurlo, eds, World Christian Database, gordonconwell.edu, http://www.gordonconwell.edu/ockenga/research/documents/StatusofGlobalChristianity2017.pdf.

32. Ibid. De auteurs rapporteren dat het persoonlijk inkomen van alle christenen $53.000 miljard ($52 triljoen) en het inkomen van globale buitenlandse zending $53 miljard bedraagt.

33. David Penman, How Can They Hear?, Lausanne II: Second International Congress on World Evangelization (Manila, Philippines, 1989), https://www.lausanne.org/wp-content/uploads/2007/06/255.pdf.

34. Sixteen Fifteen, 1615 Rockpoint Church, youtube.com, (April 8, 2014), https://www.youtube.com/watch?v=de5m4DobQsI.

35. J.D. Greear, Gaining by Losing: Why the Future Belongs to Churches that Send (Grand Rapids, MI: Zondervan, 2015).

36. A.W. Tozer, Men Who Met God: Twelve Life-Changing Encounters (Camp Hill, PA: Christian Publications, 1986), 12.

37. A.W. Tozer, Whatever Happened to Worship? (Camp Hill, PA: WingSpread Publishers, 2006), 70.

38. Piper, Let the Nations Be Glad, 35.

39. Tozer, Met Who Met God, 17.

40. John Piper, At the Price of Christ's Own Blood, Desiring God, May 7, 1989 (sermon), http://www.desiringgod.org/messages/at-the-price-of-gods-own-blood.

41. Charles H. Spurgeon, A Sermon and a Reminiscence, Sword and the Trowel (March 1873), http://www.spurgeon.org/s_and_t/srmn1873.php.

42. Winkie Pratney, Winkie Pratney Quotes, oChristian.com, http://christian-quotes.ochristian.com/WinkiePratney-Quotes.

43. Nikolaus Ludwig von Zinzendorf, "Quotes by Count Zinzendorf," sermonindex.net, http://www.sermonindex.net/modules/articles/index.php?view=article&aid=32366.

44. Alan Hirsch and Lance Ford, Right Here Right Now: Everyday Mission for Everyday People (Grand Rapids, MI: Baker Books, 2011), 63.

45. Justin D. Long, Stop Trying to Persuade Everyone to Be a Missionary, JustinLong.org, https://justinlong.org/stoppersuading.php.

46. Kevin DeYoung, The Goal of Missions and The Work of Missionaries, The Gospel Coalition, August 27, 2013, https://blogs-

.thegospelcoalition.org/kevindeyoung/2013/08/27/goal-missions-work-missionaries.

47. Herbert Kane, The Making of a Missionary, Second Edition (Grand Rapids, MI: Baker Book House, 1987), 14.

48. Os Guiness. The Call: Finding and Fulfilling the Central Purpose of Your Life (Nashville, TN: Word, 1998), 47.

49. Brian McLaren, A Generous Orthodoxy (Grand Rapids, MI: Baker Book House, 2004), 119.

50. Craig Ott and Stephen J. Strauss. Encountering Theology of Mission: Biblical Foundations, Historical Developments, and Contemporary Issues (Grand Rapids, MI: Baker Academic, 2010), 225.

51. Greg Wilton, Are We All Missionaries? Redefining the Mission for All Believers, Evangelical Missions Quarterly 49:2 (April 2013), 134-135, https://www.emqonline.com/all_missionaries.

52. Ibid.

53. Andrea Palpant Dilley, The World the Missionaries

Made, Christianity Today 58:1 (January-February 2014), 40, http://www.christianitytoday.com/ct/2014/january-february/world-missionaries-made.html.

54. Ibid.

55. Robert Royal, The Missionary Position, The Catholic Thing (June 25, 2014), https://www.thecatholicthing.org/2014/06/25/the-missionary-position.

56. Robert J. Priest et al, Researching the Short-Term Missions Movement, Missiology 34:4 (October 2006), 431450, http://

journals.sagepub.com/doi/abs/10.1177/0091 82960603400403.

57. The Beginning, Travel the Road, https://www.traveltheroad.com/the-beginning.

58. Kevin DeYoung and Greg Gilbert, What Is The Mission of The Church? Making Sense of Social Justice, Shalom, and the Great Commission (Wheaton, IL: Crossway, 2011), 241.

59. Steve Beirn, Well Sent: Reimagining the Church's Missionary Sending Process (Washington, PA: CLC Publications, 2015), 97.

60. David L. Frazier, Mission Smart (Memphis, TN: Equipping Servants International, 2014), 5.

61. Ibid, 9-10.

62. George W. Peters, A Biblical Theology of Missions (Chicago, IL: Moody Press, 1984), 214.

63. Beirn, Well Sent, 109.

64. Episode 1, The Mission Table, http://missiontable.org/project/episode-1-everyone-is-a-missionary.

65. Sarah Eekhoff Zylstra, Lawsuit Claims Gospel for Asia Misused Most Donations to 10/40 Window, Christianity Today (February 12, 2016), http://www.christianitytoday.com/news/2016/february/lawsuit-gospel-forasia-misused-donations-gfa-kp-yohannan.html.

66. K.P Yonnanan, Revolution in World Missions: One Man's Journey to Change a Generation (Carrollton, TX: GFA Books, 2004), 158, 217.

67. Bob Finley, Reformation in Foreign Missions (Xulon Press, 2005), 10. Zie ook http://www.christianaid.org/AboutUs/

ReformationInForeignMissions.aspx en een openbare discussie van de punten van Finley in Mission Frontiers magazine, bijvoorbeeld http://www.missionfrontiers.org/issue/article/what-is-the-story.

68. David Mathis, Finish the Mission: Bringing the Gospel to the Unreached and Unengaged (Wheaton, IL: Crossway, 2012), 22-23, http://www.desiringgod.org/books/finish-the-mission.

69. Brandy Zadrozny, Lawsuit: Controversial Pastor Ran Mars Hill Megachurch Like a Crime Syndicate, The Daily Beast, February 29, 2016, http://www.thedailybeast.com/articles/2016/02/29/lawsuit-controversialpastor-ran-mars-hill-megachuch-like-a-crime-syndicate.html.

70. Ibid.

71. Ibid.

72. Ralph D. Winter and Bruce A. Koch, Finishing the Task, Perspectives on the World Christian Movement (Pasadena, CA: William Carey Library, 2009), 545.

73. David Garrison, Church Planting Movements: How God Is Redeeming a Lost World, sixth printing edition (Midlothian, VA: WIGTake Resources, 2004), 243-245.

74. David Garrison's thoughts summarized in Greear's Gaining by Losing, 153.

75. Chris Anderson, Pentecost and Missions, in Gospel Meditations for Missions, Day 16.

76. David Hosaflook, Yonder Village, in Gospel Meditations for Missions, Day 31.

77. Ibid.

78. Piper, Let the Nations Be Glad, 35.

79. Oswald Chambers, The Key of the Greater Work, My Utmost for His Highest, https://utmost.org/the-key-ofthe-greater-work.

80. David Mays, The Great Distortion, davidmays.org, http://www.davidmays.org/stories_distortion.html.

81. Every World Christian a Mobilizer, The Traveling Team, http://www.thetravelingteam.org/articles/every-world-christian-a-mobilizer.

82. Goer, Sending Mobilizer, and Welcomer, The Traveling Team, http://www.thetravelingteam.org/articles/ goer-sender-mobilizer-and-welcomer.

www.ingramcontent.com/pod-product-compliance
Lightning Source LLC
Chambersburg PA
CBHW032054090426
42744CB00005B/216